王俊清/编著

向左走？向右走？

XIANGZUOZOU XIANGYOUZOU

形形色色的交通工具

兵器工业出版社

图书在版编目(CIP)数据

向左走,向右走?:形形色色的交通工具/王俊清编著.—北京:兵器工业出版社,2012.9(2018.3 重印)

(嘻哈版科学系列)

ISBN 978-7-80248-817-5

Ⅰ.①向… Ⅱ.①王… Ⅲ.①交通工具—青年读物②交通工具—少年读物 Ⅳ.①U-49

中国版本图书馆 CIP 数据核字(2012)第 234470 号

向左走,向右走?:形形色色的交通工具

出版发行:兵器工业出版社
封面设计:北京盛世博悦
责任编辑:许晶
总 策 划:北京辉煌鸿图文化发展有限公司
社 址:100089 北京市海淀区车道沟 10 号
经 销:各地新华书店
印 刷:北京一鑫印务有限责任公司
(北京市顺义区北务镇政府西 200 米)
开 本:710mm×1000mm 1/16
印 张:13
字 数:120 千字
印 次:2018 年 3 月第 1 版第 2 次印刷
定 价:29.80 元

目录

飞机上手机通话

“航班已经进入平飞状态，请将您的手机保持在关闭状态。”这句经典的飞行航班常用提示语，或许将退出历史舞台。近日，在中国航空运输协会与各航空公司的机上通信研讨会上，国航、南航、东航三大国内航空公司表示已经和移动运营商签署了机上通信软件的开发协议，并已呈报相关政府部门审批。一旦审批通过，乘客在机上用手机可自由打电话，收费为每分钟 15 元左右。中国航空运输协会透露，国内两家移动通信运营商已经于 2009 年 7 月、8 月、9 月份分别与国航、南航、东航签订了机上手机通讯软件开发的框架性协议，并将经营许可权的申请上报给国家工信部和民航局。经监管部门批准后，就可以具体实施。

如果审批通过，就可以在飞机上打电话了。那么，什么是飞机呢？

飞机(fixed–wing aircraft)指具有机翼和一具或多具发动机，靠自身动力能在大气中飞行的重于空气的航空器。

最早的载人飞行器
——墨翟之飞鸢

鸢，鸟名，又称“老鹰”。墨翟（约公元前468—公元前376年），春秋战国之际思想家，墨家派的创始人。张湛注：“墨子作木鸢，飞三日不集。”杨伯峻：“《墨子·鲁问篇》：‘公输子削竹以为鹊，成而飞之，三日不下。’《淮南子·齐俗训》：‘鲁般，墨子作木为鸢而飞之，三日不集。’《韩非子·外储说》：‘墨子为木鸢，三年而成，蜚一日而败。’《论衡·儒增篇》云：‘儒书你鲁般、墨子之巧，刻木为鸢，飞之三日而不集。’又《乱龙篇》同。《抱朴子·应嘲篇》：‘墨子刻木鸡以戾天。’或云鲁般，或云墨子，或同属二人；或以为鸢，或以为鹊，或以为鸡；同一事而传闻异词也。”

你知道吗？

快乐一读

英模型制造商8 000英镑造出世界最大模型飞机

最近以波音B-50为原型的“快乐的绿巨人”问世，这架耗资8 000英镑的无线电遥控飞机翼展长达6.6米，与原型飞机之间的大小比例为1∶7，重量仅为414.4千克，因而被当地民航管理部门列为轻型飞机。飞机上共有96只蓄电池，可驱动4个功率为4千瓦的电发动机，螺旋桨直径为0.66米。在50米跑道上，“快乐的绿巨人”起飞前的滑翔速度达到了6.43千米/时，飞行高度约为1.2千米。然而，首次试飞仅仅维持了8分钟，“快乐的绿巨人”还没热完身就得回到地面充电，电量不足时，它还会自动发出警报。

公共汽车啥时来

随着经济社会的快速发展，城市交通越来越拥挤，现有的单层公共汽车已经越来越难以承担目前拥挤的城市交通需求了。所以聪明的人们就试想着把车厢分为两层，这样载客量就翻番儿了。一般而言，一辆车长 10 米的单层客车可运载约 70 名乘客，而长度相近的双层客车则能运载约 130 名乘客。随着科学的发展，现在的双层公共汽车里面装修越来越豪华，服务也越来越好,好多车里面配有录像放映及商务上网等配套设施，是城市观光游览的极佳选择。但是双层公交也有它的不足及缺陷，由于太高的原因很难与我们城市道路硬件设施相融合，由

于要上楼梯给很多乘客带来很多不便，特别是孕老病残旅客。因此，很多城市在多方面考虑后决定不再采购及推广，双层公交车在风光了一段时期慢慢的难逃被淘汰的命运了。那么，什么是公共汽车呢?

公共汽车，指在城市道路上循固定路线，有或者没有固定班次时刻，承载旅客出行的机动车辆。一般外形为长方型，有窗，设置座位。公共汽车时速一般在 20~30 千米 / 时，不会超过 40 千米 / 时。

你知道吗？

最初的公共汽车

1827年，法兰西共和国巴黎一家浴室的老板用公共汽车每天免费接送顾客，最初的公共汽车像长长的箱子，是用马拉的。1831年，英国人沃尔特·汉考克为他的国家制造出了世界上第一辆装有发动机的公共汽车。这辆公共汽车以蒸汽机为动力装置，可载客10人，当年被命名为“婴儿号”并在伦敦到特拉福之间试运营。后来，以汽油发动机为动力的公共汽车代替了蒸汽机公共汽车。最早制造出汽油发动机公共汽车的是德国的奔驰汽车公司，长途公共汽车则源于美国。1910~1925年，美国开辟了许多长途公共汽车路线，连接没有铁路的地区。早期的公共汽车一般可载客20余人，比较舒适。

快乐一读

希腊妇女三八妇女节免费乘坐公共交通工具

2010年3月5日，希腊运输和通信部长埃夫里皮季斯·斯蒂利亚尼季斯宣布："在3月8日国际妇女节当天，希腊妇女乘坐火车和公共汽车全部免费。"他说："举行这一活动是向妇女为社会所作的贡献表示敬意。在妇女节这一天，妇女免费乘坐公共交通工具，这可以提醒我们要尊重妇女。"这一举措引起较好反响，值得其他国家借鉴。

火车和他的兄弟——铁轨

在铁路交通高速发展的今天，火车与铁路就像一对“孪生兄弟”一般谁也离不开谁。但是，事实上它们可不是一对“孪生兄弟”哦。铁路的发明可比火车要早半个世纪呢！

早在16世纪中叶，英国的钢铁工业兴起，人民到处采矿。可是当时的矿山运输相当的落后，矿山运输全靠马拉和人背，劳动效率相当的低。有个公司的老板为了提高效率，运送更多的矿石，想了一个法子：从山上往山下平铺两股木头，让两股木头中间的距离相等，然后一根一根地接到山下。当装满矿石

的斗车顺着木头滑下山来的时候，山上的人就大声喊：“注意了，车子下来了！”底下的工人就回话：“车到站了，好！”这就是最早的木头轨道了。

到了 1767 年，人们开始用生铁来代替木头了。生铁比木头要耐用的多，体积也要小多了，斗车的轮子也是铁的，跟轨道摩擦起来“当当”直响，推起来也省不少劲。于是，人们就直接叫它铁路了。后来由于铁轨容易弯，不能载太重，人们就开始试着在铁轨下面铺上枕木，这样来分散它的压力。这样完整的一条铁路就诞生了。

火车头是在 1825 年由英国的发明家史蒂芬逊发明的。刚开始人们叫它“蒸汽机车”，后来慢慢人们开始给它起名叫“火车头”。有了火车头慢慢地人们就开始设计和制造火车了。

俄罗斯人不爱飞机爱火车

2010年7月，全俄舆论研究中心在俄罗斯46个州、边疆区和自治共和国的153个居民区进行有关公共交通工具问题的问卷调查，有1600人参加。根据《国际文传电讯社》获得的问卷调查结果，80%左右的俄罗斯人选择公共汽车、线路小公共和其他汽车交通工具作为出行的主要手段，不到60%的将其作为“经常”乘坐的选项。排在第二位的是铁路，有64%的俄罗斯人选择铁路出行。对于出行工具的安全性，70%被询问者认为铁路是安全的，其中有15%的人认为“最安全”。在被列为比较危险的交通工具中，84%的被询问者选择了“航空”。

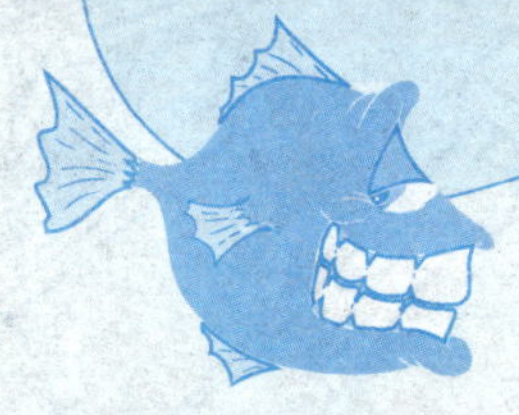

你知道吗？

快乐一读

沪宁线特快专车送孙中山走了8小时

沪宁线通车初期，南京到上海的车子总是“朝发夕至”，运行整整一个白天，被一些西方人士称作“白天开行的车子”。辛亥革命后孙中山先生当选大总统，1912年元旦从上海驱车来南京就任，开了一趟特快专车还走了8个小时，上午10时始发，到达下关火车站已是晚间。也就是在此期间，出任民国临时政府交通次长的于右任打破成规，开通了夜行货车，这或许可以认为是沪宁铁路的一次列车提速。

唐僧师徒取经记

唐僧师徒四人去西天取经，一次，坐飞机突遇暴风雨，必须跳伞，可是飞机里只有3把降落伞了，唐僧就说："你们答题吧，谁回答不上来就没有降落伞。"唐僧对悟空说："悟空，请问，中国的首都在哪？""北京。"唐僧说："很好，答对了，给悟空一把伞。"然后他接着说："沙僧，请问北京共有多少人口？""1972万。"唐僧对八戒说："八戒，请问这1972万人的姓名是什么？"八戒吭哧吭哧了半天，没办法，就跳下去了。没过多久，他们四个又坐上了飞机，又遇到暴风雨，唐僧说："悟空，中华人民共和国什么时候成立呀？""1949年。"唐僧说："好。沙僧，解放战争，死了多少人啊？""250万人。"唐僧说："八戒……"八戒没说话，转身就跳下去了。唐僧说："阿弥陀佛，为师只想告诉八戒，我们今天带了4把伞，告诉他不用跳机了。"

这个笑话简直让人忍俊不禁，那么，什么是降落伞呢？

降落伞是利用空气阻力，依靠相对于空气运动充气展开的可展式气动力减速器，使人或物从空中安全降落到地面的一种航空工具。

古代关于降落伞的记载

早在公元前100年西汉时代的《史记·五帝本纪》中，就有降落伞原理应用的记载。史学家司马迁在他的著作中写道：“使舜上涂廪，瞽叟从下纵火焚廪舜乃以两笠自杆而下，得不死。”他叙述的故事是，上古时代，有个叫舜的人，有次上到粮仓顶部，瞽叟从下面点起了大火，舜利用两个斗笠从上面跳下，没有被烧死。这是人类最早应用降落伞原理的记载，相传公元1306年前后，在元朝的一位皇帝登基大典中，宫廷里表演了这样一个节目：杂技艺人用纸质巨伞，从很高的墙上飞跃而下。由于利用了空气阻力的原理，艺人飘然落地，安全无恙，这可以说是最早的跳伞实践了。

快乐一读

美国研制超级降落伞以阻空难

美国太空总署拨款67万美元与飞机紧急降落伞系统公司（Ballistic Recovery Systems）合作研究，设计新一代可使用于小型喷射机的紧急降落伞系统，当飞机失控时机长可打开降落伞令飞机安全降落地面，该系统将来更有望用于大型客机。加拿大牧场工人科尔驾驶小型飞机由西雅图飞往加拿大卑诗省，但飞机在漆黑中于山区失控斜飞，然后再盘旋冲向地面，科尔拉起驾驶舱的红色操纵杆，突然间，机顶上张开一个房屋大小的橙色和白色降落伞，把飞机轻巧地降落在石地上。降落伞系统装置在小型飞机后座的后面，利用火箭弹出。它的强力绳索系住机翼、机身和机尾。该降落伞系统靠人手操作弹射，可在1秒之内快速张开。

奔驰展现冠军相

戴姆勒集团董事长蔡澈曾在2010年4月北京车展上发誓说：“我坚信在这个高速成长的市场，我们将会超越宝马。”时隔2个月，奔驰离这个目标已经越来越近，据梅赛德斯—奔驰（中国）汽车销售有限公司副总裁郝博透露：“2010年前5个月，梅赛德斯—奔驰在中国大陆地区实现销售共46 100辆，5月单月增幅更高达118%。”销量背后，奔驰的本地化举动几乎步步相近，继奔驰C级、E级实现落地国产后，奔驰（中国）方面又于6月18日导入了奔驰C级旅行款，众多的奔驰车主看到了一个由张涵予、范冰冰、陆毅、张靓颖组成的全明星阵容，这次为了给C级车打气，奔驰几乎搬来了各个级别车型所有的代言人，愿望只有一个，让每一款奔驰车都能在市场上一一打响。

奔驰是质量驾驶上乘的豪华轿车之一，那么，什么是轿车呢？

轿车，特指一种有四门或两门的、封闭式车身、固定顶盖、一个车厢的汽车，一般包括司机在内可乘坐四至七人。

美国的钥匙防盗技术

德克萨斯仪器公司下属的一家子公司利用无线电射频技术，研制成功一种“车辆固定系统”，将射频发射应答器嵌入汽车钥匙中，应答器内存有与特定车辆相吻合的特别识别码。当钥匙插入电源开关并转动时，就会在转发器和识别器之间引发一种无线电信号，如果钥匙中的识别码与汽车内的编码一致，汽车就可以发动起来。否则，识别码就不会接通电源，从而锁定点火系统和供油系统，汽车无法启动。

法国的代码防盗技术

法国雪铁龙和标致汽车公司研制成功一种用代码防汽车启动的装置。该装置很有效又有约束性。因为每次启动汽车前，必须输入代码才行。这一技术已为新型雷诺轿车采用。

你知道吗？

快乐一读

德国的变密码防盗技术

德国梅塞德斯奔驰公司于1994年12月1日开始生产首批绝对防盗豪华轿车。这种汽车装配有“电子开门钥匙”用红外线遥控器，发射出肉眼看不见的多次变换密码的光信号及接受这种信号的特种传感器来防盗。它由微型计算机与发动机的电子控制单元(ECU)相联。当车门锁闭时，能切断全部功能。这种防盗装置之所以能绝对防盗，就在于密码的随时变换，只有与之相应的遥控器才能使用和识别密码。

老解放牌的由来

1943年，苏联接受美国技术转让，开始生产斯蒂倍克-US6卡车。战后美国车的来源断绝，斯大林汽车厂便以这些美国中型卡车为蓝本，成功设计了吉斯-150型军用卡车，它的载质量为3.5吨，并首次使用了5挡变速器。一年之后，在该车型的基础之上，还研制出了吉斯-151型三轴6×6和6×4中型军用卡车，并于1948年装备苏联红军。该车型采用气动制动，并有接口与挂车制动系统相连，被誉为苏联第一款6×6驱动形式的军用卡车。

在20世纪50年代后期，我国第一汽车制造厂引进生产吉斯-150卡车（解放CA10型，包括CA10、CA10B、CA10C等型号，A是第一的意思，C既有长春的意思，也有中国的意思）的同时也引进了吉斯-151卡车，命名为解放CA30，自50年代末至80年代生产，主要为部队用车。以后又生产改进的CA15型（包括CA15K，CA15J等），外形与CA10相似，载重量为5吨，发动机功率85千瓦，最高车速80千米/小时。这种汽车具有发动机开动后均匀性好、刹车系统安全可靠、结构坚固、使用寿命长等特点，更适合我国大规模建设和原材料、燃料供应情况及公路、桥梁负荷等条件。还可以根据需要把它改装成为各种用途的汽车，如公共汽车、加油汽车、运水汽车、倾卸汽车、起重汽车、工程汽车、冷藏汽车和闭式车厢载重汽车等。

你知道吗？

未来的“道路之王”卡车也用太阳能行驶

卡车通常被称为“马路之王”，庞大的身躯让周围的小车们不得不“退避三舍”。未来的卡车不仅拥有特别的车身外观，同时更加注重环保。SUNTRUCK就是在这方面得到发展的一款车型，它是一款十分环保的车型。SUNTRUCK卡车配置的混合动力的柴油—电发动机，当其依靠柴油行驶的时候，该卡车还可以发电用来供应仪表板上的电子设备以及给锂离子电池组充电。而当把卡车的货物卸载后，该车还可以依靠电动马达行驶，实现零尾气排放。其所需要的电力还可以通过安装的太阳能电池来提供。这样的概念卡车能否成为未来的“马路之王”，还有待验证，但这样的设计思路还是符合现代人对于环境保护的追求的。

快乐一读

一只飞虫的威力到底有多大，竟然可以弄翻一辆载有洲际弹道导弹零件的卡车，看一下美国空军2009年10月9日发布的一份报告，你就知晓了。据美国媒体报道，美国空军9日公布的一份报告称，这辆卡车8月31日在行驶中，一只飞虫从窗户飞进来落到司机的背上，就在司机试图赶走小虫时，卡车滑进一条沟里，当时车上正载有来自北达科他州迈诺特空军基地的导弹零件，所幸没有核燃料。这辆卡车去年也曾有过翻车经历，当时车上载有一支没有携带核弹头的助推火箭，导致美国空军花了560万美元修复受损火箭。

会喷火的摩托车

英国林肯郡斯坦佛一位30岁的007迷花了一个月的时间自行研制出一辆可以喷火的摩托车。这辆摩托车时速97千米，可以向接近它的汽车喷火。为了让摩托车喷火，水管工出身的科林先后在自家花园进行了3次实验。尽管前两次效果令他不太满意，但最终他通过在车把上安装一个按钮，实现了随意控制摩托车喷火的梦想。科林表示，

每当按下车把上的按钮将火喷出后，他便有一种像电影中特工詹姆斯·邦德的感觉。摩托车喷出的火苗可达4.6米远。不过当地法律不允许在市中心公路上驾驶这辆可喷火的摩托车，否则会有纵火之嫌。不过能在远离市中心道路的地方骑这辆车过过特工瘾，依然乐趣十足。

这位老兄实在是太有才了！那么，什么是摩托车呢？

摩托车是指由汽油机驱动，靠手把操纵前轮转向的两轮或三轮车。轻便灵活，行驶迅速。广泛用于巡逻、客货运输等，也用作体育运动器械。

你知道吗？

什么是迷你摩托车？

迷你摩托车又定义为成人玩具车，之所以叫迷你，当然是因为排量小，体积小。都市迷你摩托车源于西方，这种小车具有各种排量和车型，车长约105厘米，高约50厘米，重量约20千克，可以说是一种典型的“迷你”摩托车。个头虽小，但是它“肝胆”俱全，除了体积较小以外，与其他摩托车的功能是一样的，加一升油可跑80千米，速度每小时可达60千米以上。这类“迷你摩托车”以汽油或电力驱动，大多类似于小的摩托车或山地赛车，在商店里通常都是以玩具的形式出售，起的名字也很有吸引力，诸如“超级武士赛车”，“迷你摩托”等，不一而足。一款名为“袖珍火箭”的迷你摩托可载重100千克，时速可达45千米。而另一款时速可达80千米的“超级摩托”卖得更是火爆。由于风格多样、简单易用并且售价相对便宜，形形色色的“迷你摩托”深受青少年的青睐。

快乐一读

世界上最大的摩托车

世界上最大的摩托车，这是一个什么概念？像汽车那么大？那你的想象力就未免过于保守了一点，这辆号称是世界上最大的摩托车，长达9米，高3米，真可谓是一辆巨无霸，它能轻松地将一辆汽车压成饼干。这辆“怪兽”来自澳大利亚，澳大利亚人为它装配了一台柴油卡车引擎，还配备了6速自动变速箱。相信开着这么一部摩托车上街，何止是拉风，就连飞机上的乘客也会往下看看这究竟是什么机器怪兽！

诸葛亮的“木牛流马”

2010年6月12日是中国第五个“文化遗产日”，最引人关注的是武侯祠首次向公众展示其收藏的多具“木牛流马”。据《三国志·诸葛亮传》记载：“(建兴)九年，亮复出祁山，以木牛运粮尽退军……”“木牛流马”的神奇就此流传于后世。不过，“木牛流马”究竟是什么模样，因为没有图像传世，至今成谜。据武侯祠博物馆相关负责人介绍，近年来，武侯祠面对社会征集“木牛流马”模型，目前共收到各种式样的12具“木牛流马”。这些“木牛流马”，都是制作者根据自己的理解，按《三国志》的描写而复原制作。不过，却都形态迥异。这些集现代人智慧复原的“木牛流马”，在亮相武侯祠孔明苑后，仍受到媒体和游人的青睐，纷纷前来参观拍照。

木牛流马的确是一种值得期待的文化遗产，那么，什么是木牛流马呢？

木牛流马指的是一种传说中木制的带有幌动货箱的人力步行式交通运输器具。

你知道吗？

“木牛流马”之谜

诸葛亮造出木牛流马200年后，南北朝时期的科技天才祖冲之据说造出了木牛流马。在陕西省汉中市勉县的黄沙镇，史料记载这里是诸葛亮当年造木牛流马的地方。据考证，诸葛亮当年在8年北伐中，木牛流马总共用过3次，木牛流马就是从这里出发，走过250千米的栈道，到达前线祁山五丈原。当地的老人描绘了传说中的木牛流马：“木头做的马头，再有其他零星的小块组成马身子，再组上马腿，肚子中间安上齿轮，木马后边有一个扳手，操作时一压走一步，再一压走一步。”从这个传说中可以看出，木牛流马是有齿轮的，而且似乎也运用了杠杆原理。

快乐一读

日本有个交通犯监狱

日本的交通法规可能是世界上最严厉的。乱闯红灯或者超速行驶者，只要累计3次，至少要判处坐监4个月。东京近效的市原监狱，就是一座专门收押和改造交通犯的监狱。犯人一入这个“特种监狱”，不仅要接受系统的交通法规再教育，每天还得向狱中特设的“赎罪牌”鞠躬悔罪，并反复朗诵“赎罪牌”上的牌铭：“我反省自己的罪行，并发誓用实际行动向社会赎罪。”通过这样严厉的交通犯监狱，使得人们要铭记遵守交通法规的重要性和其在日本日常生活中的重要位置。

国际太空站的交通工具

2010年6月16日凌晨，随着位于哈萨克斯坦境内的拜科努尔发射场控制中心点火命令的下达，一枚“联盟-FG”型运载火箭喷射出巨大而明亮的火焰，携带着“联盟TMA-19”载人飞船缓缓升空，前往国际空间站。此次太空之旅将首次“充分利用”国际空间站作为轨道实验室的全部功能。美国“奋进”号航天飞机于2010年11月执行最后一次运载任务后，美国航天飞机将集体退役。届时，俄飞船将成为穿梭于国际太空站与地球之间的唯一交通工具。美国国家航空航天局发言人拜尔利说：“我们现在终于可以全面实现国际空间站的设计初衷——进行科学实验与探索了！”

航天飞船（space ship）是指能单独进行航天活动，也能往返于地面和空间站之间运送人员或物资、设备的航天器。运送人员的航天飞船称为载人飞船，运送物资、设备的航天飞船称为货运飞船。

飞船之谜

飞船的外形其实并不像船，只因要在陆地与茫茫天海之间飞来飞去，充当舟楫之用，故取此名。飞船有载人与载货之分。一般来讲，载人飞船有3个舱段，一个叫推进舱，主管飞船的动力，位于飞船的底部；一个叫返回舱，是宇航员升空、返回及生活工作的座舱，也是飞船的控制中心及与地面联络的通信中心，它是载人飞船的核心舱段，位于飞船的中部；还有一个叫轨道舱，它内部安装了各种仪器，可用于科学实验及对地观测。如果需要在太空与别的航天器对接，则还需要有一个对接机构。飞船返回时并不是所有的舱段都返回，只有返回舱才返回地面，其他的舱段都留在了太空上。

快乐一读

中国航天飞船为什么取名为“神舟”？

将航天飞船取名为“神舟”，是很慎重的事。为什么选择这一名称呢？主要有两点考虑：一是“船”在汉语里又称“舟”，用“神舟”来命名遨游神秘太空的宇宙飞船，既形象又贴切。二是“神舟”谐音“神州大地”的“神州”，一语双关，寓意中国的腾飞。“神州”是一个专有名词，是我们中国的别称。战国时代的齐人邹衍创立“大九州”学说，谓“中国名曰赤县神州，赤县神州内自有九州”。后来人们就用“赤县”或“神州”来代称中国。毛泽东诗中就有“六亿神州尽舜尧”的句子。“神舟”，是中华民族的骄傲，我们应该记住这个名字。

水陆两用自行车

湖北武汉有位姓李的退休工程师，发明了一辆可“凌波信步”的自行车，这辆自行车具有这样神奇的功能：在水面上能“凌波信步”，上岸后将车身上的浮筒翻起，即与普通自行车功能一样，骑行自如，转向灵活，重心平衡。说起这辆神奇的自行车，可能谁都没有考虑到设计者的独具匠心：在普通自行车上加装 8 个密封的纯净水空瓶为其提供浮力，1 个注塑的轮状桨叶安装在自行车后轮钢圈上提供划水动力。

这辆两栖自行车被网友赞为“最牛交通工具”。那么，什么是自行车呢?

自行车，又称脚踏车或单车，通常是两轮的小型陆上车辆。英文 bicycle 或 bike 的“bi”意指二，而“cycle”意指轮。在日本称为“自転车”，在中国大陆、中国台湾、新加坡通常称其为“自行车”，在中国香港、中国澳门则通常称其为“单车”。

你知道吗？

欧洲人早期自行车
千奇百怪的设计方法

在自行车的发明阶段，有些人并没有把自行车的两个轮子设计成前后放置，而是把两个轮子做成了左右放置，这种自行车的外形有些类似轮椅。这是欧洲人早期设计的一种三轮自行车。三轮自行车的平衡能力更好，人们更容易学会骑乘三轮自行车。世界上第一批真正实用型的自行车出现于19世纪初。1817年，德国人德莱斯在法国巴黎发明了带车把的木制两轮自行车。19世纪一些欧洲人也构思出了一些理想的自行车图。后来有人将两个动力轮放在了车前部，一个辅助轮放在了车后部。人们在骑这种自行车时前方还可以坐一名乘客。这种自行车与现代在后面可以带人的自行车设计理念正好相反。

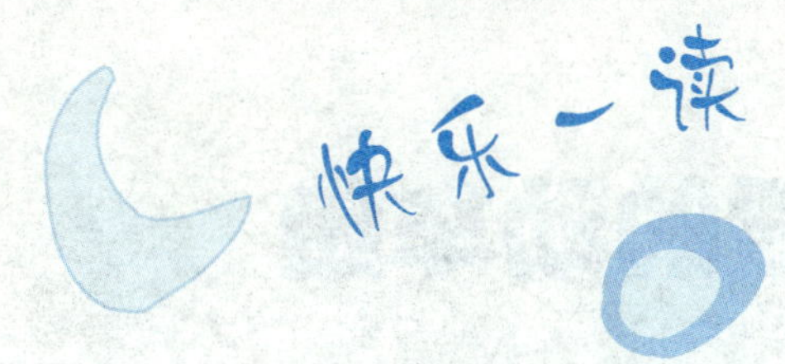

英国发明时速达 24 千米
太阳能自行车

2010 年 6 月 18 日，太阳能自行车亮相海峡两岸项目成果交易会，吸引许多市民的眼球。据英国《每日邮报》报道，英国发明一种环保型概念自行车，完全利用太阳能作为动力，可以有效减缓骑车人双腿的疲劳感并且极具环保价值。这款亮黄色的自行车操作起来和普通的脚踏式自行车没有多大的区别，只是它拥有一个布满太阳能电池的天篷，在阳光下，当使用者将双脚放在自行车的脚踏板上，太阳光为电池充电，电池放电驱动安装在自行车后轮的电子发动机，使得自行车转动前进，最高时速可达 24 千米，即使骑这种自行车上山也会感觉轻松许多。

飞一般的动车组

世界上速度最快的高速铁路——武广高铁正式运营后，列车以时速350千米的速度贴地飞行，给全世界留下一片惊叹声！唐山轨道客车有限责任公司常务副总经理王成会透露，我国将继续加大自主创新力度，进一步探索更高速度等级的动车组技术——时速380千米动车组、时速400千米试验车。唐山轨道客车有限责任公司承担着制造国际一流的高速动车组这一国家重点项目。该公司制造的CRH3型“和谐号”动车组达到了世界动车组技术的先进水平，在京津城际铁路的最高运营时速为350千米，最高试验速度达到每小时394.3千米。在运营速度、载客量、节能环保和舒适度方面创造了四个世界第一。

动车带给人们的真的是“飞一般的感觉”，那么，什么是动车呢？

动车一般指承载运营载荷并自带动力的轨道车辆，但在近现代的动力集中动车组中，动车更接近传统列车中机车的角色，这类动车一般不承载运营载荷。

世界动车最高速

动车组是城际和市郊铁路实现小编组、大密度的高效运输工具，以其编组灵活、方便、快捷、安全、可靠、舒适为特点备受世界各国铁路运输和城市轨道交通运输的青睐。

使用动车的比重以日本为最大，占87%；荷兰、英国次之，分别占83%和61%；法国、德国又次之，分别占22%和12%。动车组称得上是铁路旅客运输的生力军。

德国是最早制造和运用动车的国家，制造技术一直领先。1903年7月8日，首先运行了由钢轨供电的动车组，由4节动车和2节拖车编成。同年8月14日，又运行了由接触网供电的动车组，这是世界上第一列由接触网供电的单相交流电动车组。同年10月28日，西门子公司制造的三相交流电动车进行了高速试验，首创时速210.2千米的历史性记录。

目前，国外的列车运行速度一般达到200～300千米/时，光靠机车来拉已经很吃力。所以在每辆车上都装上动力装置是个很有效的解决提速问题的方法。

你知道吗？

快乐一读

特别的结婚仪式

提着红枣桂圆汤，带着喜悦的心情，为一节车厢的乘客发放喜糖，新郎官郭某坐上动车，准备将自己的媳妇黄某迎娶回自己的老家，动车乘客们为这对幸福的新人见证了他们特别的结婚仪式。为了这个“不一般”的创意接亲能够顺利完成，前一周，新郎就买好了车票，前一天晚上，记者随同新郎伴郎等人就来到了新娘的家乡，经过一系列的周到安排，新郎官成功地将新娘子从娘家接到了自己的家。“接上娘子坐动车，是第一次，也是最有意义、最幸福的一次。”

太阳能黄包车

人力黄包车曾是印度的一道特别风景，但2006年年底在印度加尔各答遭西孟加拉邦议会封杀。如今印度首都新德里推出一种太阳能黄包车，不仅提高黄包车夫身份地位，也节省人力。这种太阳能黄包车在新德里亮相。车夫可以蹬踏黄包车踏板前进，或利用36伏的太阳能电池驱动黄包车。新型黄包车由印度科学和工业研究中心开发。太阳能黄包车正在毗邻新德里的德里旧城月光广场进行实地性能测试。根据印度非盈利性组织农村发展中心负责人普拉迪普库马尔萨马赫的话报道："推

出这种太阳能黄包车的最重要成果是改善许多黄包车夫工作现状。这有助于提升黄包车夫的尊严，黄包车靠太阳能驱动可减轻车夫辛劳。”

看来黄包车还有其利用的价值，那么，什么是黄包车呢？

黄包车是一种用人力拖拉的双轮客运工具，因从日本输入，故当时沪人又称之为东洋车，或称人力车，约 1870 年创制。

你知道吗？

“人力黄包车”重现福州古巷

坐在黄包车上，畅游南后街三坊七巷，是一种什么感觉？福州三坊七巷管委会新推出“坐黄包车游南后街三坊七巷”的民俗服务，不少游客觉得新鲜，都体验了一把坐车的乐趣。同时也进行了首轮“黄包车车夫考试”。考试的内容是这样的，准车夫们分别拉着两辆黄包车载上游客，沿着南后街跑一段路，看看谁拉得又稳又快。为了增加“印象分”，准车夫们还身穿对襟背心、头戴小礼帽，打扮齐全后笑容可掬地用福州话招呼游客上车：“来试一试！今天坐车不要钱！”游客们争相体验坐车的感受，特别是老人们，看见久违的人力黄包车后很是兴奋。

快乐一读

大洋洲交通体验

在大洋洲的一些国家，汽车采用右驾方式，和我们中国正好相反。左转是小弯，右转是大弯。左转车要注意对面右拐的车，亦即小弯让大弯，否则，“罚你没商量”。违反了交通规则一般都要罚款200新西兰元（相当于人民币1000元）。坐车的人都很自觉地系上安全带。开车的人上车后第一件事就是叮嘱坐车的人系安全带，否则警察看见就罚款。甚至有一些国家，对于儿童系安全带有专门的规定：5~7岁的要求设安全椅或安全带，5岁以下幼儿必须安置特制的小椅子。别说是孩子了，连对猫狗等宠物也有要求。比如，一定要装在笼子里才能带在车上等，否则警察可以罚款，或者带走宠物。如果造成车祸，保险公司也不进行赔付。

面包车“话吧”

在市场经济冲击之下，人们的经济头脑受市场的影响越来越深远，越来越宽广，几乎无所不及。在北京市有个“面包车话吧”。车顶上放置的一块“长途电话 0.25 元 / 分钟”招牌，让人一眼便知这辆车是一个公用电话亭。而车的底部用砖头垫起，使得面包车不会移动。车左右两侧各摆了四部电话机，一台电脑与这八部电话连接起来，以计算费用，而车头部分还兼卖饮料和冰激凌。紧对着车门的地方摆了一个电暖器，车尾部还挂着一部空调。“这样就可以冬暖夏凉了。到了晚上电闸一

拉，车门一锁就可以了。这种联通的话吧是不用电话线的，用无线设备就可以了。车顶上拉的线也已经得到电力部门批准，他们每月都交电费。这个话吧已经有一年多了，设立时主要是考虑附近工地多，工人们打电话的需求多。”话吧的老板说。

“面包车话吧”真是富有创意，那么，什么是面包车呢？

面包车是指前后没有突出的发动机仓和行李仓，就像一个面包一样的车辆统称。主要车型一般都是中国制造，像九龙、长安、松花江、五菱等。

极富传奇色彩的法拉利面包车

1961年，法拉利老板恩佐（ENZO）将跑车开发总监格罗·比扎里尼逐出法拉利，这位总监和一起出走的首席工程师卡洛奇迪组建了一家叫做ATS的新公司。后来他们利用原来的250 GTO改装成了“布里迪瓦”。在1962年的比赛中，布里迪瓦在开始阶段要比GTO更快，可惜ATS的整体实力显然无法与强大的法拉利抗衡，他们的赛车由于开发时间过于仓促在稳定性上存在一些问题，最终退出了比赛。1963年VOLPI解散了车队，并在1965年将布里迪瓦卖了出去。经过几次转手，布里迪瓦在1985年才在美国再次露面，新买主将它修复并参加了1987年的法拉利250 GTO纪念活动。买主将它改装成了面包车。布里迪瓦两段式气口的造型为之后布里迪瓦品牌广泛使用，成为一大特色标志。

神奇的布加迪

一辆意大利产布加迪跑车在沉入湖底70多年后重见天日，令人难以置信的是，这辆车打捞出来时车胎还有气。1936年，一名瑞士人购得该车，但他没向瑞士海关缴纳关税。海关官员后来找到这辆遭主人遗弃的跑车，但此时拖欠的税款及罚金可能已超过跑车本身的价值，于是，海关官员失望之余，决定毁掉这辆车，便将其沉入附近的马焦雷湖。1967年，潜水员乌戈·佩纶潜入马焦雷湖中，发现布加迪跑车静静地躺在160英尺(约合48.8米)深的湖底。这辆1925年款布加迪跑车产于意大利布雷西亚，最早在法国南锡注册。车上装有一台4缸1.5升发动机，最高时速接近100英里(约合160千米)。这是一款双座敞篷车，非常轻便。

如此说来这辆布加迪跑车还真是经得起折腾，那么，什么是跑车呢?

跑车的英文名是Sport Car，它的目的在于“把赛车运动带入普通人”，跑车的车身一般为双门式，即只有左右两个车门，双座或“2＋2”座（两个后座特别狭窄），顶盖为可折叠的软质顶篷或硬顶。

你知道吗？

速度最快的量产跑车排行榜

《福布斯》杂志曾经公布了北美市场上速度最快的量产汽车排行榜。在这项苛刻的评选中，福特公司大出风头，前两位全部由其占据，其中福特公司超级跑车以约437千米/时的最高速度高居榜首。也许这个速度我们无法想象，但一组数据也许可以让我们感受一下世界最快的运动机器的魅力：世界上速度最快的民航客机“协和”起飞时的速度仅为360千米/时；F1赛场上，最快的赛车速度也只在350千米/时左右；就我们所熟知的，速度接近它的只有上海的磁悬浮列车，但它的最快速度也只在430千米/时左右，在上面，已经感觉到有些发飘了。

快乐一读

迈凯轮F1自燃

一名男子在美国明尼苏达州驾驶自己心爱的迈凯轮F1的超级跑车，车辆行驶在机场高速公路上，公路上的其他车辆驾驶员看到他的迈凯轮F1后部冒起了一股浓烟，随后他将车辆停在路边，这时大火开始蔓延到了整个引擎室，车辆的大半个车身已燃烧，直到消防队员赶来才将火扑灭。根据消防人员的话，这台跑车已经有半年没有行驶过了，所以会出现此状况。

奥克兰街道的交通“红绿灯”

奥克兰的街道与中国大城市的街道相比不算宽，一般是双向4车道，有些地方是双向6车道，走上一段又并成4车道了。出了中心区，有些小镇就是双向2车道。城市里有的丁字路口不设红绿灯，但几乎所有路口都有提示，没有红绿灯的地方如果看到“give way”就是要减速让两侧来车优先通过，“stop”则要停车观察两侧车况并让路，一般人们都能自觉互让。有的地方会多设一个红绿灯，比如刚下桥并没有出现路口但设有红

绿灯，为的是拉开车距，以避免追尾。在快速路上，法规规定前车与后车要拉开 100 米的距离。如果看不清前方 100 米的情况，禁止超车。

你知道吗？

大洋洲的人车平等

在大洋洲，车辆闯红灯的现象几乎不会发生。行人也是如此，横过马路时，即使没车过，人们也自觉等绿灯。因为行人若违反交通规则也与机动车一样受罚，并无强势弱势之分。新西兰就有一条规定：行人过街时，若附近 20 米内有横道线而不走，被机动车撞到，自己要负责任。看起来不大照顾“弱势”，而这正是体现出在法规面前人、车平等。其实一般情况下，机动车在路上遇到行人过路时都会自觉停下让行人，很“以人为本”的。

自行车也要遵守机动车交规

在大洋洲，骑自行车一般是用于锻炼身体。交通规则对骑自行车有很多规定，比如要戴头盔，带人要有座椅和脚踏板，车上要有反光装置。骑车时同样适用机动车的交规，如不准走人行道，不能与汽车并行等。骑自行车若违反交通法规，最高可能被罚1000新西兰元（约5000元人民币）。

马车原是越野车

很多车迷都喜欢对爱车进行 DIY 式的改装，希望爱车动力更大、跑得更快。不过，美国纽约的青年男子杰里米·迪安却恰恰相反，他专门花钱买来一辆悍马 H2 型越野车，卸掉车头和发动机，改造成了一辆真正的马车。据报道，迪安是一位旅居纽约的青年艺术家。一次偶然的机会，他在历史资料上看到了在 20 世纪 30 年代美国大萧条时代的“胡佛马车”。迪安最终敲定选择悍马越野车打造成马车，因为一直以来，汽车都是人类过度消费和浪费资源的象征。悍马改成马车，更能引起人们对当下环境和不确定的未来的关注。人们应该认清现实，科学家们曾经预测：人类在 2030 年就会耗掉大多数化石燃料尤其是石油。

到2030年，他的悍马马车也许比原版的悍马H2越野车更实用。那么，什么是越野车呢？

越野车，国际上简称G型车，是指能够适应恶劣道路环境及野外行驶的车辆。越野车通常采用四轮驱动，底盘和悬挂的设计与普通轿车有明显区别。如北京吉普、切诺基等。

你知道吗？

真正意义上越野车的诞生

真正意义上的越野车诞生于美国，是战争催生的。1940年11月11日，威利斯公司向美国军方送来了两辆叫做"夸德（QUAD）"的样车。这两辆样车都具有可选择四轮或两轮驱动的功能。在这之前，美国的班特公司已向军方递交了一辆名叫"步利兹帕奇"的样车，但就综合各项指标来看，"夸德"的确是出类拔萃的。由此，威利斯公司的"夸德"车型就成了美国越野车的国家标准。所以，如果非要找出"越野车"的源流或鼻祖不可的话，那么我们认为美国威利斯公司的"夸德"当之无愧，因为，"夸德"确立的越野车的基本特点仍然是今天越野车的标准，仍然是今天越野车的精髓。

快乐一读

5龄童趁父母睡觉驾驶越野车兜风6千米

英国5岁男孩托马斯·查特菲尔德早晨趁父母还在睡觉，独自驾驶一辆越野车外出，开了6千米多，撞上一幢房子才停下。幸运的是，没有人在事件中受伤。英国《泰晤士报》报道，男孩托马斯驾驶的是一辆三菱帕杰罗7座越野车，如果他坐在驾驶席上，脚都踩不到油门。目击者之一内森·帕金森说："我无法相信眼前的情景，定睛又看了一眼，看到方向盘后露出个脑门和一双眼睛。"按《每日邮报》说法，大部分性能先进的帕杰罗车只需按下一个"开始"按钮即可启动。托马斯或许不必踩油门，因为车辆在驾驶模式下可以自动低速行驶。

3 000 年前的直升机

1848 年，一名考古探险家在埃及古城阿比杜斯的塞蒂神庙入口 10 米高的横梁上发现了一些奇怪的图像，当时没有一名科学家知道那些象形图画描绘的是什么东西。直到 150 年过去后，一家著名的阿拉伯报纸刊登了在埃及卡尔奈克的阿蒙神神庙拍下的几张照片，读者们震惊地发现，在该神庙的墙壁上，古代艺术家竟然镌刻下了一个拥有明显螺旋叶片和机尾的战斗直升机图像！此外，另外几个航空器图像也像极了现代的超音速战斗机和轰炸机！塞蒂一世法老时代的艺术家怎么会画出直升机和飞机的图像？这在考古学家中引发了剧烈的争议。

有一种理论认为，古埃及的异教徒祭司能够用“天眼”看到未来的图像，所以能够画出 20 世纪的直升机图形。那么，什么是直升飞机呢？

直升机主要由机体和升力、动力、传动三大系统以及机载飞行设备等组成。旋翼一般由涡轮轴发动机或活塞式发动机通过由传动轴及减速器等组成的机械传动系统来驱动，也可由桨尖喷气产生的反作用力来驱动。

你知道吗？

世界上第一架直升飞机在法国首飞

直升机做能操纵的垂直飞行和前飞最终是西科尔斯基在1930年解决的。1939年，他在美国造的一架使用单旋翼直升飞机——VS-300作了多次创记录飞行。而第一架直升机是法国发明家保罗·科尔尼制造的，1907年11月13日，它第一次实现了飞机垂直从地面起飞，不过那次飞行大大辜负了人们的期望。这架装有一台24马力发动机驱动水平方向的双螺旋桨飞起几次，但只有几秒钟，一旦升空飞机就无法控制。科尔尼是根据勒纳尔上校几年前设计的无人驾驶的直升飞机模型的性能做的试验。凡尔纳科幻小说中主人公驾直升飞机环球飞行，使科尔尼的尝试受到启发。

快乐一读

大洋洲的交通事故处理

在大洋洲，很多违法并不是依靠警察来抓，所有市民都会不辞劳苦地到警察局，检举违法车辆并做笔录，依法作证。如有交通事故发生，大家都会尽快将车挪开，以免造成更多事故，也较少形成道路堵塞。事故双方一般不会对责任划分有异议，因为时常会有目击者主动出来做第三方证人。所以，双方只是互相记录驾照、牌照号码，然后离去，保险公司会根据修车账单 进行赔付、索赔等。有一回，在新西兰开车的小李不小心与前车有一点小小的“接吻”，正当与前车司机接洽时，有两个 路过的女孩跑过来，认真地说：“我们来作证，是后面的车碰到你。”

帆船也能环游世界

1900 年第 2 届奥运会开始列为比赛项目。帆船作为一种比赛项目，最早的文字记载见于 1 900 多年以前古罗马诗人味吉尔的作品中。到了 13 世纪，威尼斯开始定期举行帆船比赛，当时比赛船只没有统一的规格和级别。帆船运动起源于荷兰。古代的荷兰，地势很低，所以开凿了很多运河，人们普遍使用小帆船运输或捕鱼。

帆船是利用风力前进的船。

帆船起源于欧洲，其历史可以追溯到远古时代。帆船是人类向大自然作斗争的一个见证，帆船历史同人类文明史一样悠久。

你知道吗？

500年前沉没的“哥伦布帆船”重现巴拿马

2001年，巴拿马国家文化研究所的潜水员在科隆省海岸6米深的海底发现了一艘古帆船的残骸，考古学家对打捞上来的一些物件进行了鉴定，发现这些东西的历史已超过500年，专家们认为，这艘古帆船很可能就是当年随哥伦布进行第四次航海时沉没的船只——拉卫兹卡拉号。研究所的负责人说如果这个猜想被证实，这将是首次在美洲大陆发现的早期西班牙船只。”克里斯托弗·哥伦布（1451—1506）是西班牙著名航海家，1492~1502年间，他凭借着顽强的意志，四次横渡大西洋，发现了美洲大陆，足迹所至包括巴哈马群岛、古巴、海地、牙买加、波多黎各及中南美洲沿岸地区。

快乐一读

帆船上的那些事

长年在海上劈波斩浪的人，也会晕船吗？巴西队帆船运动员布鲁诺·普拉达给出了“是”的答案，原来，普拉达和他的船长罗伯特·沙伊特在大浪中也容易晕船，所以他们提前采取措施来预防。帆船作为一项运动，受到众多大学生喜爱，中国台湾大学生海上帆船环岛一周，书写了另类毕业旅行，台南真理大学18位大四学生于2010年5月底驾驶重型帆船进行海上环岛，从高雄兴达港出发，以逆时针方向环岛一圈，最后再返航回兴达港，期间遇到大雨、十一级强风，让同学们吃尽苦头，于6月12日下午终于返回兴达港，以15天时间留下难得的毕业旅行。

北极熊上游船

一组野生动物爱好者乘游船来到了北冰洋探险和观赏极地动物。当人们把游船停靠在挪威斯瓦尔巴特群岛附近海域的时候，突然遭遇了不速之客。此时，人们正准备去吃午餐，一只饥饿的北极熊出现了，它将头伸进了厨房间舷窗，看厨房是否有什么可以吃的，结果没看到。之后，它在游船的附近游荡了好一会，甚至站起来观察是不是能找到什么吃的。最终，北极熊毫无收获地走了。这只北极熊找食的过程都被这次乘游船的野生动物爱好者记录了下来。

这只北极熊真够馋的，竟到游船上偷食。那么，什么是游船呢？

游船，又称游轮、旅游船。是用于搭载乘客从事旅行、参观、游览活动的各类客运机动船只的统称。

你知道吗？

我国第一艘太阳能游船服务世博

在2010年6月5日“世界环境日”这天，我国第一艘太阳能混合动力游船“尚德国盛号”在黄浦江启航，在世博会期间为游客提供观光游览服务。“尚德国盛号”太阳能混合动力游船，由尚德公司投资建造，上海国盛（集团）负责运营。该船首次将太阳能电力导入游船动力，是一艘低碳环保节能船。其最具特色的“太阳翼”高10米，宽5米，采用高效晶硅异型太阳能电池70余片。“尚德国盛号”是国内第一艘采用太阳能、锂电池及柴油机组多种能源混合供电的船舶，在不同的日照情况下，船体行驶所使用的动力可通过计算机在太阳能和柴油机组间进行自动调配，时速近15千米，节省电力和减排均达到30%以上。“尚德国盛号”与集结了智能技术、梦幻意境和互动体验为一体的“魔方”——上海企业联合馆交相辉映，是上海企业界献给上海世博会的厚礼。首航仪式后，“尚德国盛号”正式投入世博期间的展示和运营。

快乐一读

德国黑天鹅痴恋鹅形游船

2006年5月初的一天，黑天鹅彼得拉正巧飞过德国西部城市明思特，在一个池塘中发现了一只伟岸的“白天鹅”，彼得拉对“他”一见倾心，之后就没有离开，一直在池塘中痴情地守着“他”，一旦附近有其他游船靠近，它就会立即把它们赶开。实际上，“他”心仪的对象只是一个天鹅形的两人座游船，是池中各种动物形游船之一，其身材大概是彼得拉的近10倍。然而在被爱冲昏头脑的彼得拉眼中，这条天鹅形的游船就是一只强壮的、充满吸引力的“爱人”。后来，它终于找到一只“英俊的”白天鹅同类爱人，共筑爱巢。

交通事故不敢逃逸

在大洋洲，人们出了事故一般不敢逃逸，因为逃逸惩罚很重，会在驾照上记上危险驾驶的记录。驾照记录有 3 个级别，即粗心驾驶、危险驾驶和谋杀驾驶。这些记录要随驾驶员终生，不会被取消。而且，还将会影响下年的保险费率，以及不得申请出租车、公交车等有乘客的运营驾照（当然也有允许改正的措施，及两年之内不再有危险记录也可申请运营驾照）。爱管“闲事”的人那么多，逃逸的下场很不利，何况隐形警车无处不在。

有些很普通的车，按照警用车辆进行改造，随时可以“变”成警车，那些多数为高级警官私车，在非正式执勤时间用，一旦必要，就能执法。

你知道吗？

未来的城市出租车：高效、安全、环保

随着机动车辆的不断增加，轿车将会越来越小，而火车和公交巴士车型将会越来越大，那么未来的出租车将会向哪方面发展呢？艺术家认为将来的出租车型将由两部分组成，一部分为驾驶单元，而另一部分则为乘客空间单元，而乘客空间单元是放置在固定的地点，乘客只需选择所要到达的目的地，刷卡，并等待驾驶单元来牵引乘客空间单元就可以了。这样的设计十分安全、高效，并且十分有利于环保。此外一辆出租车还可以运载多个乘客，但需要第一个选定目的地的乘客来挑选其“旅友”。因此乘客空间单元被集中放置在一个地方，出租车司机也就有了固定的目标地点，从而给城市营造了一个舒适的空间。出租车司机并不拥有出租车，而其工作主要是将乘客送到目的地，采取乘客先付费再乘坐的方式。

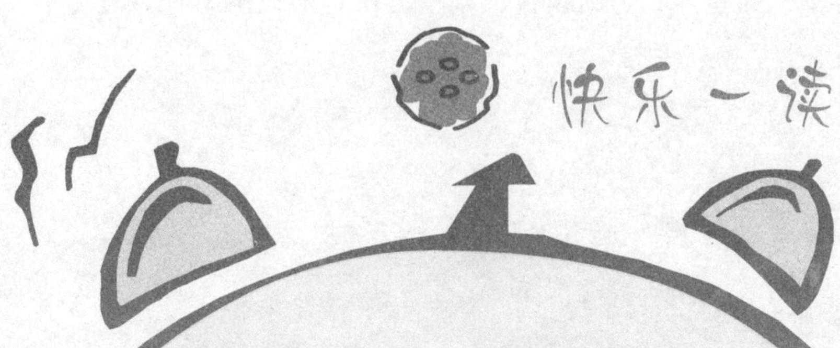

快乐一读

“三国”打的各有行规

在沙特阿拉伯不少地区，笑被看做是不友好的象征，是一种奇耻大辱。在沙特“打的”时，人们个个都板着面孔，不见任何笑意，在出租车上遇到亲朋好友只是轻声问安，不露一丝笑容。

巴黎市民外出购物、走亲访友怀里往往抱着名犬。为此，巴黎不少出租车前座为狗设有专席。司机认为，身边有只名犬是吉祥光荣的象征，乘客在巴黎“打的”上车时需多加留神，切勿坐在狗席上。

在哥伦比亚“打的”，人人争坐前席，坐在前席会受到司机的热情服务和关照，有时还会受到出租车司机的优惠。如果坐在后排，被视为是件很不文明和失礼的事，因为驾车者认为你把他当成车夫了。

酒鬼最多的地铁

由于韩国的地铁路线很多，而且开到深夜1点左右，所以末班车，尤其是周末的末班车上俨然成了“酒鬼专列”。每到周末晚上，地铁末班车的车门一打开，总会有一股浓浓的酒味突袭而来，特别是在写字楼、酒店、大学附近以及流浪者聚集地上车的酒鬼最多。这些站也站不稳，坐也坐不住的乘客们酒气熏天，时不时地还因为几句话而动手。尽管地铁到了终点站，但是司机总是要将每个车厢检查一遍。司机说：“将醉汉从车里一个一个地拖出来比开一天车还要累。”由于晚上酒鬼很多，所以韩国的地铁站里也经常发生酒鬼掉进轨道的事故，以前每年都会发生数起死亡事故。韩国各界呼吁尽快在站台上设置屏蔽门，主要就是怕酒鬼出事故。

地铁也是酒文化的见证地，那什么是地铁呢？

地下铁道，简称地铁，亦简称为地下铁，狭义上专指在地下运行的城市铁路系统或捷运系统。

你知道吗？

能“制动再生”国产高端地铁列车

中国南车株洲电力机车有限公司于2010年9月11日将一款宽3.1米的高端A型地铁列车交付深圳地铁集团。这款地铁列车集成“制动再生”等自主创新高新技术，在环保、安全和人性化设计方面创造了国产城市轨道制造业技术的新高度。这款A型地铁列车，除了追求高速、大运力和舒适度，更在环保、安全和人性化设计等方面集成了大量具有自主创新知识产权的高技术。它采用“制动再生”，回收地铁列车制动能量并转化为电能，重新反馈到接触网上。采用全焊接铝合金鼓形车体等轻量化技术，列车整车重量比常规减轻了9.6吨。这些技术的运用使列车每年同比节约电能达到10万千瓦时左右。此外，列车采用高度国产化的网络控制技术和牵引传动系统，每个客舱门都设有紧急开门装置，装备了新型坡道式紧急疏散门，大大缩短了紧急情况下乘客疏散时间。该列车车辆设计时速80千米，6节编组最大载客量超过2 500人。

再生制动亦称反馈制动，是一种使用在汽车或铁路列车上的制动技术。制动时把车辆的动能转化并储存起来，再生循环使用。使用再生制动的车辆仍然会有传统的摩擦制动，提供快速、强力的制动。一般的再生制动只会把约30%的动能再生使用，其余的动能还是成为热。

有趣的交通惩罚

在澳大利亚，不要企图贿赂警察以逃避惩罚否则罪加一等。据理力争是可以的，警察处罚非常讲证据，证据不足自动网开一面。有一次，在澳大利亚生活的H与朋友一起到墨尔本游玩，回悉尼时朋友累了，让他驾车。有段路下坡，他不由地开快了些，被警察追上拦下来了。H很懊丧，他不能再被罚了，驾驶分已到了边缘，面临吊销"深渊"。他看到了执法的警察是纽省的，突然灵机一动，强调自己是按照维省的100千米/时速度开的。警察说不是维省，是纽省，限速是80千米/时，H强词夺理地说，公路上没有明示已到了纽省，因此，他没有降低车速。警察转而问车上其他人H是否超速，朋友们都装聋作哑说自己睡着了，或没注意，不给作证。警察无奈只好悻悻地让H逃过了惩罚。

好玩的“智能救生圈”

有一种智能救生圈。河水浑浊时，只要把智能救生圈丢到水里，它就会自动喷出环保性的化学药剂把水变得清澈、干净。如果哪位小朋友不慎落水，只要高喊“救命”，智能救生圈就会启动搜索仪及时捕捉到求救信息。然后自动游到小朋友的身边，帮助他脱离危险。最近，一种能“自动救人”的遥控救生圈亮相第四届大学生机械创意大赛，受到众人关注。这种新型救生圈由武汉大学动力与机械学院 5 名大学生共同完成，历时 3 个月。“智能救生圈”中内装可充电的锂电池，它可以连续工作 6 个小时。如果发现有险情，只需把它丢入水中，然后用遥控器进行指挥，它就会朝落水者奔去。它的速度是 1~1.5 米 / 秒，遥控距离在 50 米以内效果最好。

智能救生圈有如此神奇的功能，那么什么是救生圈呢？

救生圈是指水上救生设备的一种，通常由软木、泡沫塑料或其他密度较小的轻型材料制成，外面包上帆布、塑料等。供游泳练习使用的救生圈也可以用橡胶制成，内充空气，也叫做橡皮圈。

你知道吗？

首个狗救生圈问世

我们都知道狗是人类的好朋友，遇到不会游泳的小狗，除了费心教导之外，我们其实还可以给它配个救生圈。狗用救生圈并不是个普通环形泡沫塑料。它有着极高的科技含量——救生圈带有液体感应功能，只有遇到水才会自动充气。救生圈上的LED等还会不断闪烁方便人们搜救，最难得的是，你可以把这个救生圈一年四季戴在狗脖子上，而不会有累赘感。据悉，这种狗狗救生圈市场售价15~20元一个，在各大超市一般都能够找到。

快乐一读

巧制救生圈，关键时刻挽回性命

我国宝岛台湾有位七旬老妇，在庙旁散步时不慎跌落大排水沟，为了保命她急中生智，把风衣外套拉上拉链，手紧抓住领口让风衣外套内灌满空气，形成一个临时救生圈，让老妇可以仰漂在水面上，等待消防警察救援，挽回了一条宝贵的生命。不慎落水，身边又没有专业救生圈，怎么脱离生命危险，下面是几种简单“自制”应急救生用具简介。例如，自制简易救生圈和浮筒，在海上碰到紧急事故可以“保命”，无需特地准备，就地取材。在水中脱下长裤，把裤腿一扎，撑着裤腰猛地倒扣进水面，一条简易版“救生圈”就可以救命；把水桶倒干，倒扣进水面，是一个就地取材的“浮筒”；空矿泉水瓶一头系上一卷家用绳子，抛出用于拖拽溺水者，可以达到应急救人效果。

海陆空三栖气垫船

一名新西兰人通过11年自学和研究，制造出一只水陆空三栖气垫船。当中很多部件都是就地取材。新西兰官方最终将其定义为水上船只，因而无需申请飞行执照就可以飞行。它的拍卖网页目前的点击量已经达到了4.4万次，出价也已达到了他的底价2万新西兰元，约合9.5万人民币。这只精致小巧的水上气垫船的英文缩写名叫wig，意思是在地上有翼的车辆。平时像普通的气垫船一样，可以在水上和地上行走，但当时速达到70千米，他就可以化身飞艇腾空而起，成为真真正正的水陆空集于一身的交通工具。希曼认为这是一个高效的运输工具，尤其是对农场主十分有用。而且对于无法决定是乘船还是乘飞机的旅行者来说，这是不错的折中选择。

这只功能强大的气垫船被网友如此赞叹，那么什么是气垫船呢？

气垫船又叫“腾空船”，利用高于大气压的空气在船底与支承表面间形成气垫，使全部或部分船体脱离支承表面而高速航行的船。

你知道吗？

内蒙古首次使用气垫船黄河破冰

2010年3月27日下午，包头市防汛办联合达拉特旗民兵防凌爆破分队对黄河包头段的首封段——黄河官地段实施爆破。黄河包头段的首封段，老冰多，又厚又硬，如果不及时主动破冰，极容易出现险情。包头市防汛办本准备用飞机炸，可附近河道拐弯急、地面建筑多，又处于两座大桥之间，最终决定出动2艘气垫船，使用梯恩梯炸药进行破冰。布线、破冰、塞炸药、驶离、引爆，只听“轰隆”一声巨响，炸起的冰凌卷起一股近30米高的水雾直飞云霄，大地为之震颤。紧接着是第二次破冰……在连续震耳欲聋的爆破声中，冰桥顺利被炸开，巨大的冰凌随着河水浩浩荡荡地向东流去，形成壮观的流凌美景。

快乐一读

开着气垫船上班，绝对拉风的创意工具

有位标新立异的网友推出一款名为艾诺波迪的迷你气垫船，据说它能让你在任何时候都畅通无阻。船身为铝合金和玻璃纤维材质，以一台汽油发动机为动力，能带着一个成年人飙出24千米每小时的速度，而且它是全地形的，当前方堵车时，能直接翻过花坛和草坪，带着你从最近的路冲向公司。基本上，艾诺波迪可以在混凝土和沥青表面，以及草坪等常见路面正常行驶，但是不能在水、沙滩和充满碎石块的路面上悬停。

热气球旅游

征服自然，飞上天空，是人类很早就产生的一种强烈愿望。但人类能够上天飞行，则是在1783年气球发明之后。作为把人类带上天空的飞行器，它比1903年美国莱特兄弟发明的第一架飞机要早100多年。1783年6月5日，在法国东南部的昂诺内小镇，有个名叫约瑟夫·蒙戈菲尔的青年，他是一个造纸商的小伙计。他受炊烟上升现象的启示，做了一个丝质球形口袋，并将这个口袋底朝上，口朝下，通过燃烧稻草和木柴，使袋内的空气受热，气球就离地升起，飘然远去，大约飞了一英里半（约2.4千米）。这便是欧洲最早出现的热空气气球。

那么什么是热气球呢？

热气球在中国已有悠久的历史，称为天灯或孔明灯。法国的孟格菲兄弟于1783年才向空中释放欧洲第一个内充热空气的气球。法国的罗伯特兄弟是最先乘充满氢气的气球飞上天空的。

你知道吗？

法国探险家欲乘热气球飞越北极

法国探险家路易·艾蒂安在2010年4月5日，乘坐一种名为“洛奇埃”的热气球开始了他的穿越北极之旅，将成为独自乘热气球飞越北极“第一人”。热气球高28米，宽16米，呈竖立的细长椭圆形，气球内使用的是氦气和热空气的混合气体。艾蒂安在此前透露，这次穿越北极之旅的出发地是挪威的斯瓦尔巴群岛首府伊尔城，终点选在美国的阿拉斯加。总路程大约3 500千米。艾蒂安是法国知名的极地探险家。他曾对媒体透露，要实现穿越北极的“陆海空三部曲”，乘热气球穿越是“三部曲”的最终篇。早在1986年他耗时63天，仅依靠狗拉雪橇到达北极点；2002年，他花了大约4个月的时间从海上漂流到了北极点。

快乐一读

“倒转”热气球游天空

2005年，一个英国人设计出“头朝下”的热气球，成为周末德国引人注目的“明星”。来自英国布里斯托尔的卡梅伦·伯卢恩为气体力学和自动控制公司FESTO设计出了这种翻过来的热气球，它在周末飞到柏林附近。伯卢恩的女发言人汉纳·卡梅伦说：“我们制作了两个看上去一样的热气球，但其中一只是头朝下，另外一只是头朝上。当人们看到这两只热气球一起在空中飘浮时，先是愣住，接着恍然大悟。公司就是想要造成与众不同的效果，也确实做到了。这的确是一种苛求，我们用尽了很多方法，比如说，热气球顶端的篮子是假的，在它的下部有一个真的篮子，隐藏在一件特殊的衣服下摆下面，当飞行员降落时它就会打开。”

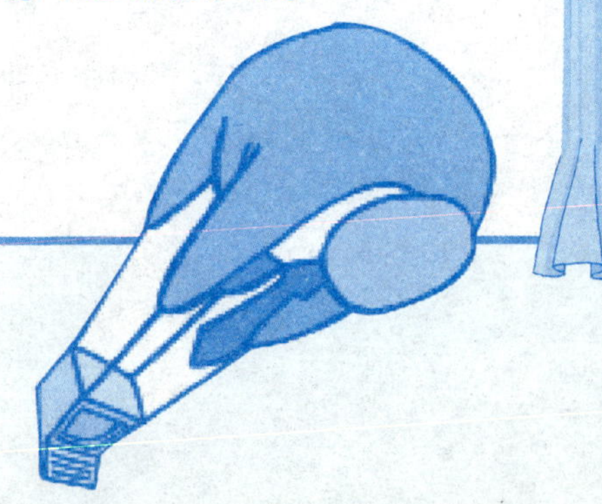

拖拉机与宝马飙车

这真是个笑话，让人哭笑不得，拖拉机竟然也能跟奔驰并驾齐驱了！那么，什么是拖拉机呢？

拖拉机分为轮式和履带式两种。1901 年美国的伦巴德在研制林业用牵引车辆时，发明出第一条实用效果较好的履带。3 年后，世界上第一台履带式拖拉机诞生。

你知道吗？

最大的拖拉机

拖拉机能大到多大？你能想象到多大？超过7米的长度，接近5米的宽度，你可以叫它拖拉机中的战斗机！它就是来自欧洲的最牛拖拉机：大力士3500。从外观看，最震撼的是其颠覆传统拖拉机四个轮胎的八个巨大的轮胎，只轮胎就有一人多高。该车三维尺寸分别为：长7.12米、宽4.8米、高3.75米，那么如此庞然大物要用多大发动机来驱动呢？大力士3500采用的是来自曼恩集团的12.5升六缸涡轮增压柴油发动机，其最大马力为650匹，最大扭矩为2350牛米，巨大的驱动力通过后驱或者全时四驱的形式传递到八个巨大的轮胎上。够震撼吧！

快乐一读

外交礼单上曾赠蒙古铁牛拖拉机

外交礼节上，互赠礼品不可少。那么，一般都送什么呢？一份档案载：国庆5周年赠朝鲜代表团礼品，时间标注为1954年10月2日，礼品单上列着：翡翠美人一件、青花大瓶一只、雕漆捧壶一对、织锦缎两尺、挑花台布、画册一套、新闻电影一份。1954年，周恩来总理访问印尼时送给苏加诺总统礼品单上也有挑花台布，除此之外还有地毯一块、刺绣靠垫等。赠送的物品不仅有上述的这些礼节性的，还有更为实际的。一份档案中记录当年送给蒙古国这些礼品：铁牛牌拖拉机一台、万能中耕器一台、41片元盘耙一台、马拉打草机一台、24行谷物播种机一台等。

历史悠久的马车

在中国，马车起码有 3 000 多年的历史。古代的马车除作为战争工具外，主要为王公贵族出门乘坐，是权力与身份的象征。这种传统一直延续到清末，北方一些城市普通人家仍然不敢擅自乘用马车。但是，在华洋杂处的上海滩却是另一番情景，洋人才是租界真正的主人。19 世纪 50 年代，马车是上海租界中少数外侨的代步工具，有时也作为闲游消遣之用。这些西方

式样的马车为金属所制，行驶速度很快，车上可坐四五人。到70年代初，马车增多，租界内开始出现了经营出租马车的马车行。从此，马车逐渐由私人代步工具发展成为城市公共交通工具，当时主要为中上层人士所雇乘。20世纪初，马车在上海十分盛行，并出现了一种装有钢丝橡胶轮的小型马车，可由乘车人自己勒缰，因而迎合了乘坐者的心理，曾风行一时。据统计，至1906年，仅公共租界出租马车就有711辆，私人自用马车更达976辆之多。以后，随着电车、公共汽车和出租汽车行的开办及黄包车行盛行，马车业逐渐衰落。那么，什么是马车呢？

马车就是马拉的车子，或载人，或运货。马车的历史极为久远，它几乎与人类的文明一样漫长。一直到19世纪，马车仍然是城市交通的十分重要的交通工具。随着火车和汽车的出现，车轮转动的速度越来越快。至此，马车的黄金时代宣告结束。

你知道吗？

钢齿路防逆行

比利时交通专家发明了一种简易的交通装置，能防止汽车因逆向行驶而撞车。这是一种有弹性的斜向钢齿，安装在路面上。汽车行驶的方向正确，钢齿就沉入槽内。若逆向行驶，轮胎就会被钢齿刺破。该装置的第一个样品已被装在比利时的一条高速公路上。

快乐一读

河北1950年曾向赶马车驭手颁发驾照

驾驶汽车必须有驾驶证，赶马车的也考执照，此事听起来有些新鲜。近日，有人拿出了两张照片，是1950年河北省天津专员公署公路局为赶马车的驭手们颁发的“河北省胶轮大车工人执照”。此照片印证了1950年在汉沽赶马车也需要有“驾照”。此执照持有人是当时只有21岁的汉沽的张贵丰，现在已经过世。执照上除有持照人情况登记外，还登有严格的二十条规范和每年的例检情况及盖章。据张家人介绍，解放前由车头把持汉沽的私有马车搞运输，每一车头控制几辆、几十辆车不等。为了规范马车运输行业，1950年2月，河北省天津专员公署公路局专门组织培训，对驾车人严格考核，为考核合格人员颁发了“河北省胶轮大车工人执照”。

网络换物神话

2007年，一名28岁的英国男子皮特再创网络换物神话，他只花了5个月时间，就用一瓶价值2.69英镑的啤酒，换来了一辆价值1 500英镑的大众露营车！

从2006年夏天开始，皮特就梦想能开着一辆野营房车，带着他的妻子前往意大利度假，享受“第二次蜜月”。然而，他并不想花费大笔金钱购买一辆新的露营车，而希望能通过互联网换回来。从2006年7月开始，皮特就建立了一个换物网站，表示愿拿一瓶2.69英镑的林肯啤酒，换取任何更值钱一点的东西。

但让这位年轻人意想不到的是，他的“啤酒换物”广告在网站上刚打出没几天，就迅速得到了回应。一家当地报纸愿意让他到报社当一天编辑，来换取他的那瓶啤酒。他又拿“到报社当一天编辑的机会”继续换，结果当地一家广播电台表示愿意用让他到《电台早餐秀》节目当几天共同主持人来换。而该电台的一名听众听到这个消息后，立即和皮特取得了联系，表示愿拿4张观看ZUTONS乐队演唱会的贵宾票来换取这个当几天“主持人”的机会。从那以后，皮特的网站上就开始热闹起来。最后，一名英国女人表示愿拿自己价值500英镑的雪铁龙

ZX 汽车来换取他手中的贵宾票，这位年轻人立即同意了这一要求。

仅花 5 个月，换回了一辆露营车。

2006 年圣诞节前夕，这位年轻人终于实现了他梦寐以求的愿望，一名男子愿意用一辆价值 1 500 英镑的大众露营车来交换他的雪铁龙汽车。他做梦也没想到只花了 5 个月时间，就实现了愿望。现在，这位年轻人将能够到意大利阿马菲海岸去重新体验他们的蜜月了。

你知道吗？

世界上最豪华的房车

在超过 30 年的发展历史当中，“海狸”房车公司一直是房车界内无与伦比的奢侈豪华与舒适的象征和代名词，它的名字就是整个房车界贵族的代言人。作为一家从位于俄亥俄州小镇上成立发展起来的房车生产和制造商，“海狸”房车公司因其令人瞠目结舌的房车木工工艺、柔软协调的屋内设计和布置、豪华的房车家具和陈设品、令人恐怖的动力和性能表现一次又一次的颠覆和震撼着整个房车业的每一位消费者和参与者。“海狸”房车公司正是在这样一群执着和疯狂的房车爱好者的狂热梦想下发展起来的，他们的口号就是要享受完美舒适的探险之旅，而“海狸”房车公司正是孕育这一理念，并且把它推向整个社会的发源和摇篮之地。

快乐一族

手推"房车"宣传环保

江苏省淮安市有位50多岁的农民李问军，徒步拉车8年，已走过7万多千米，沿途宣传环保。这个农民从2003年1月16日开始，徒步拖"房车"走了8年，鞋子磨破50多双，已涉足十余个省市。为拯救日益恶化的生态环境，宣传环保生活理念，他立志用30年时间走遍全国各市县。这辆"房车"足有4米长车身通体印着各种环保宣传语。当时44岁的他拉着自制的重达200多千克的板车上路了。从江苏省出发，沿途经过上海、安徽、山东、河南……每经过一处地方，他都要到当地环保部门"报到"，请那里的工作人员为他盖上环保部门的公章，一年下来，密密麻麻的章印盖满了大半个本子。他用来盖章的本子换6个了，现在用的这个已经是第7个，而且也快盖满了。几年间，"房车"的车胎换了20多只，现在他拉的这个车已经是第5辆了，前几辆都被他拉坏了。这一路上遇到了不少好心人，几乎走到哪里，都有人送水、送吃的，他的精神也感动了不少人，"一路上好多人都陪我走，记得有一个医生，陪我走了3天。"吃饭、睡觉李闻军基本都在"房车"里解决，有一次，晚上零下38摄氏度，他都得在车里住过。他最害怕的就是刮大风，"一刮风，我那车就翻"。这么远的路走下来，花费可不是个小数目，一方面靠捡废品，再有就是替别人代做一些广告赚点路费，少则几百元，多则上千，勉强够用。

空中客车 A380

世界最大客机空中客车 A380，双层舱大型客机的出库典礼，2005 年 1 月 18 日在法国西南部城市图卢兹的空中客车公司隆重举行。空中客车 A380 是目前全世界生产的民用飞机中载客人数最多的客机，是由英国、法国、德国、西班牙等欧洲 4 国联合开发的，正面向迄今垄断民用飞机市场的美国挑战。空中客车方面表示，A380 可以成为提供最高级大饭店式服务的客机，也可以成为提供廉价旅行服务的航空公司的武器，这是因为空中客车 A380 内部空间宽阔，飞行距离远，燃料消耗较少。在一般设计之下，A380 可载客 550 人（不包括机上服务人员），并且可以利用剩余空间开设酒吧、商店、托儿所和赌场等。如果将所有的座位改为经济舱座位，那么不包括机上服务人员可载客 880 人。

A380空中客车几乎可以和波音客机相媲美，那么，什么是客车呢？

客车，顾名思义，就是铁路公路上载运旅客用的车辆。装有箱式车身，设有9个以上座位，运载较多乘客的汽车，又称大客车。客车一般可按总体结构可分为单车和列车。

不需要驾驶员的大客车

2005世界博览会（EXPO 2005）在日本举办时，日本松下公司推出一种新型交通工具在日本行驶，参观者将乘坐一种未来型大客车，一列3辆大客车鱼贯而行，同时在第一辆和最后一辆车上才有驾驶员，而中间一辆车上没有驾驶员。中间的大客车是自动行驶，并遵循道路上的特殊磁标记和前后两辆车上由人控制发出的无线电信号，今后车队中间的“无人驾驶”大客车数量计划增多。松下公司声称，新型大客车拥有的一系列优点，它具有很小的转弯半径，能在更陡的斜坡上爬高。在举办博览会的185天期间，松下公司的这种神奇大客车在东京至爱知县约250千米的路线上运送近3万名参观者。

你知道吗？

快乐一读

最牛客车"车坚强"维修费用全免

2008年在四川汶川地震中有辆最牛客车——在唐家山堰塞湖淹了78天被打捞起后仍能开的一辆客车，在它的"娘家"——四川汽车工业集团公司享受到了超级服务：维修费用全免！当车主忐忑不安地开车来到该公司的大车修理车间，多名技术工人在全面检查完了车辆之后，当面给车主报修理价格。"整个外车修理、刮漆加喷漆，费用3000元；电路检修、安玻璃窗、装后视镜、修理车顶棚，4000多元……"工人们一边说着要修补的地方，一边报价格。车主则在一旁不停插话："顶棚不用修了，我们回去敲敲；油漆也不用全喷，将就用。"车主自地震后身无分文，为打捞车借了1万多元，现在花得只剩下2000多元，价格高了他承受不起，只要能把基本的修理好，能拉客就行。正当车主握着12000多元的维修单发愁时，厂方一名销售经理见状不忍，便将车主带到了公司老总面前，看了有关报道的老总无限感慨地对车主说："你们太不容易了！完全不用担心，费用全部免了！"车主连说："谢谢，"就这样一路上为修理费担忧的车主，在此时喜极而泣。太多网友被车主"不抛弃、不放弃"的精神感动，称他们的精神简直不亚于获得一块奥运金牌的运动员；有人甚至为这辆破车取名"车坚强"……

大西洋“运送者”号

1982年5月25日，阿根廷空军倾巢出动，向驻守在该港口的英国皇家海军发起猛攻。望着来势汹汹的阿根廷战机，英国补给舰“大西洋运送者”号的舰长伊恩·诺斯迅速做出了一个“聪明”的判断：大树底下好乘凉——离“无敌”号航空母舰越近，也就越安全。就在这时，一枚白色的“飞鱼”导弹向“大西洋运送者”号高速飞来……此时，“赤手空拳”的“大西洋运送者”号没有任何办法应对，只能眼睁睁地看着“飞鱼”导弹朝着自己冲了过来。数秒后，“飞鱼”导弹扎入“大西洋运送者”号的船舷，炸开了一个直径近2米的大洞。猛烈的爆炸引发熊熊大火，冰冷的海水迅速涌入船舱。数日后，这艘替罪“航母”才完全沉入大洋。

“大西洋运送者”号死得真够冤，那么，什么是航空母舰呢？

航空母舰（Aircraft Carrier），简称“航母”、“空母”，是一种可以提供军用飞机起飞和降落的军舰，是一种以舰载机为主要作战武器的大型水面舰艇。

你知道吗？

印度航母“维克兰特”号命名趣闻

印度海军第一艘航母“维克兰特”号的命名非常有趣。国防部最初推荐的4个名字都被否决了，“须弥山”是一座荒山的名称，“喜马拉雅”已经被巴基斯坦的一艘护卫舰命名了，“冈仁波齐”没有明显的理由，“浅水螺”不足已鼓舞士气。后面提供的名称也被否决了，如“珠穆朗玛峰”又不在他们境内，“干城章嘉峰”是喜马拉雅山东部山脉，不能接受。舰艇的灵活机动跟山峰的静止不动恰恰相反，所以用山峰的名字为航母命名显然不太合适。后来经过讨论决定用抽象的术语为第一艘航母命名最合适不过了，就此“维克兰特”号就此诞生了，它的寓意就是“彻底击败胆敢跟我为敌的人”。之后的“维兰特”号航母命名更加鼓舞士气，它的寓意是“只有强者才能称霸海洋”。

二战曾造“冰造航母”

1943年初，德国邓尼茨麾下的潜艇“狼群”日趋猖狂，四处出击。为此，美国、英国、加拿大三国海军决定加速建造一批反潜航母，可是由于战事不断，造舰材料非常匮乏。怎么办？不久，他们得知在水中掺一定比例的木屑而结成的冰很坚硬，有的造船学家正在试图以此造船。于是，三国联合出资几千万美元，动工建造了一艘长约600米，宽约90米，重100万吨，可载大量飞机的超巨型航母。然而，意外的情况出现了。由于专家们对大型动力装置的散热量估计不足，发动机一启动，周围的冰层即迅速大量融化。顷刻间，“冰航母”瓦解了。

引力牵引车拖动小行星

美国宇航局两名天文学家提出了让对地球构成威胁的小行星偏离碰撞轨道的新方法。

他们指出，可以在小行星上钻孔打眼，但这仍然非常复杂且不可靠。美国天文学家提出不同于以上方法的“引力牵引车”设想。这是一艘比较巨大的自动飞船，它能悬停在小行星不远的高度上。设想的“引力牵引车”是小功率但又非常经济的离子发动机，它使“引力牵引车”缓慢地加速。当然，发动机排放的射流能像花瓣一样射向小行星几个方向。小行星将会由于自己与“引力牵引车”之间的吸引力而跟随牵引车移动，这时只需要调节牵引力，以便使“引力牵引车”不飞离小行星即可。根据设计者计算，20 吨重的“引力牵引车”使 200 米直径小行星从危险轨道上拖离大概仍需要“牵引”一年时间。

这或许不失为一种解救地球的好办法，那么，什么是牵引车呢？

牵引车，就是车头和车箱之间是用工具牵引的（也就是该车车头可以脱离原来的车箱而牵引其他的箱，而车箱也可以脱离原车头被其他的车头所牵引）一般的大型货车（半挂车）。

你知道吗？

沃尔沃将召回6万辆转向问题牵引车

据国外媒体报道，美国国家公路交通安全管理局（NHTSA）表示，由于可能的转向问题，沃尔沃卡车北美公司将召回超过6万辆牵引式卡车。国家公路交通安全管理局称，目前已经收到23起事故报告，并有两人受伤。本次召回涉及特定的VNL和VNM型卡车，生产日期介于2001~2006年。报告表示，由于方向盘中的一个球形底座可能脱离，造成卡车转向完全失控，并导致车祸。沃尔沃方面表示，如果有必要，经销商将检查并维修相关部件。本次召回将从2010年8月中旬开始。

斯洛伐克足坛“牵引车”连接传统和未来

2010年南非世界杯，他率队杀进世界杯16强。在2009年10月14日之前，弗拉基米尔·维斯的名字在世界足坛并不响亮，但当这一天他率队在客场以1：0击败波兰队后，便迅速跻身于欧洲名帅之列。作为球队的掌控者，维斯毫无争议地符合驾驭“牵引车”的所有条件。原因是在2008年才出任斯洛伐克队主帅的维斯实现了历史性的突破，他带队以黑马的姿态夺取了欧洲区预选赛第3小组的第1名，使斯洛伐克队首次进入世界杯决赛圈。最能体现维斯连接过去和未来的，还有他那富有传奇色彩的家庭。1964年出生的维斯家中三代皆是球员出身，其父老维斯也曾是球员，而现在他的儿子小维斯踢出了更好的水平，正在英超曼城效力。

快乐一读

上海有个磁悬浮

专家提出：鉴于高速磁浮交通系统具有无接触运行、速度高、启动快、能耗低、环境影响小等诸多优点，同时考虑其安全运行历程超过 60 万千米，而且德国政府也宣布高速磁浮交通系统技术已经成熟等情况，认为要充分运用发展中国家的技术后发效应，实现轨道交通跨越式发展，建议国家在京沪干线上采用高速磁浮技术。与此同时，专家们也提出了相反的意见，认为高速轮轨系统技术经过几十年的实践已经完全成熟，我国国内对高速轮轨系统技术的开发也已经取得了重大进展。尽管高速磁浮技术拥有诸多优点，世界上不少国家也都在开展研究，但均停留在试验阶段，缺乏商业化运行实践，它的技术性、安全性和经济性尚未进一步验证，相对于高速轮轨系统技术，在技术上、经济上都存在着很大风险。在论证过程中，两种意见一度相持不下。经过激烈侧争论，专家们最终形成共识，建议先建设一段商业化运行示范线，以验证高度磁浮交通系统的成熟性、可用性、经济性和安全性。此建议得到了国务院领导的关注与支持，随即在对北京、上海、深圳三个地区进行比选后于 2000 年 6 月确定在上海建设。

磁悬浮列车是一种靠磁悬浮力（即磁的吸力和排斥力）来

推动的列车。由于其轨道的磁力使之悬浮在空中，行走时不需接触地面，因此其阻力只有空气的阻力。磁悬浮列车的最高速度可以达500千米/时以上，比轮轨高速列车的300多千米/时还要快速。

你知道吗？

磁悬浮列车有望跑公交？

2010年4月30日，我国第一辆具有自主知识产权的中低速磁悬浮列车在四川成都成功经过室外实地运行联合试验。这标志着我国从实际应用的角度自主掌握了中低速磁悬浮列车技术，并完成了从理论到实践的完美转身。目前，上海已经有了一条30千米的高速磁悬浮示范线，450～500千米的时速，让乘坐者体验到前所未有的快感。那么，上海磁悬浮和西南交通大学的磁悬浮有什么区别呢？据介绍，西南交大研发的中低速磁浮线预计造价为每千米1亿～1.5亿元，而上海磁悬浮由于要求车速高，每公里造价为3亿元。青城山磁浮线主要用于城市内部快速交通，如果投入实际运行，其造价还可能降低。这就有可能将磁悬浮列车开发成像公交车一样的交通工具。

快乐一读

德国放弃汉堡至柏林磁悬浮列车行驶线

1997年德国政府决定修建柏林至汉堡磁悬浮列车行驶线，该线长292千米，预测运量1 450万人，计划投资99亿马克，每公里造价为0.338亿马克。总造价中由政府承担的61亿马克，企业分摊38亿马克，计划1998年开工，2005年投入商业运行。1999年将工程总造价修正为129亿元，单位造价为0.44亿马克/千米。但是德国政府不愿再分担所增加的建造费用。最关键的是，原先被过高估价的运量也被修正为800万人次/年。就是按照最乐观的估计，工程建成后，每年亏损额将达到1亿马克。2000年初，争论了六年的柏林至汉堡磁悬浮列车行驶线工程正式下马。

绿色环保的电动车

20世纪70年代全球三次石油危机爆发。随着全球能源危机的不断加深，石油资源的日趋枯竭以及大气污染、全球气温上升的危害加剧，人们普遍认识到节能和减排是未来汽车技术发展的主攻方向，发展电动汽车将是解决这两个技术难点的最佳途径。

现代电动汽车一般可分为三类：纯电动汽车、混合动力汽车、燃料电池电动汽车。但是近几年在传统混合动力汽车的基础上，又派生出一种外接充电式混合动力汽车，这种电动车由于各项性能比较好，使用比较方便，慢慢广泛被各地接受与采用。

越南电单车拥有量约为2 000万辆，在公路行驶的交通工具中，电单车占九成以上。那么，什么是电单车呢？

电动自行车（electric bicycle）简称电动车，是以蓄电池、锂电池等电能作为辅助能源，具有两个车轮，能实现人力骑行、电动或电助动功能的特种自行车。

你知道吗？

电单车挂奔驰牌，号称美眉专用

“简直是太牛了，电动车居然挂了奔驰的车牌！”不久前，鲁先生在骑车途径青年路省红会医院时，前方一辆电动车飞驰而过。鲁先生定睛一看，不由得大吃一惊，这辆电动车的尾部挂了一个纯白色的牌照，牌照中间用笔清晰地写着“奔驰，云A59427，美眉专用”，左下角则是一个奔驰的车标。

女明星与男明星骑电动单车各显“神通”

被称做“万人迷”的陈好，拥有魔鬼的身材、迷人的曲线，这当然少不了运动的功劳。虽然她平常运动也会骑骑电单车锻炼，但她为某杂志拍摄的一组照片引起了很多网友的关注。性感喷火的身材搭上一辆年代久远的电单车更是别有一番韵味，网友都笑称陈好竟然骑那么牛的电单车。周杰伦曾经在一个活动中由于穿的单车服十分贴身，令敏感部位若隐若现，让被路人围观的他感觉好丢脸！有歌迷还递一封信给他，说没想到他会穿成这样子，很好笑，让他也很尴尬。据说周杰伦新戏《刺陵》中，因为周董患有僵直性脊椎炎无法骑马，所以导演朱延平就将其骑马戏改成骑电单车，载着林志玲在沙漠中奔驰。

鸟也喜欢的渡轮

据英国广播公司（BBC）报道，英国渡轮“圣马维斯号”每天都会在法尔茅斯市和圣马维斯市往来四趟。令渡轮工作人员惊讶的是，渡轮上每天都会出现两个“鸟乘客”——两只名叫弗雷德和弗里达的翻石鹬，每天早晨8时15分，当渡轮停靠在法尔茅斯市码头时，两只海鸟会飞上船舷。当渡轮到了圣马维斯市码头后，两只海鸟会拍拍翅膀飞走，到当地海滩进行

觅食；下午 4 时 30 分，这两只海鸟又会按时出现，再次搭乘这艘渡船回家。天天如此，已经搭了六年了。英国皇家鸟类保护协会发言人托尼·怀特说："翻石鹬具有时间观念，但两只鸟每天搭乘渡轮早出晚归的行为太不可思议。鸟类的智商并不高。"

专家们认为它们搭乘渡轮可能是为了节省体能用来觅食。那么，什么是渡轮呢？

渡轮（Ferry）又称渡海小轮，可以是一只船或舢板等，来回于两个或者三个及以上的码头之间。用做运送乘客的渡轮称为客轮。

你知道吗？

穿梭时空的渡轮

进入世博上海馆，仿佛进入了时光隧道——脚踏的平台能模拟筏子、叮当车乃至磁浮的动感，周身则被“笼罩”在一个360度的环幕中。一脚踩进去，一会儿仿佛身处大海之上，一会儿感受时速300多千米的车速，看到一连串虚拟景象之后突然见到一个真人——正在吹泡泡的小姑娘，向你一步步走来。全片从茫茫大海开始，在海滩的芦苇荡中，走出一个渔村女孩。从她的成长经历及其视角切入，上海的百年画卷就在圆形剧场里徐徐展开。结尾处，先进的生物科技将上海变成一座“绿岛”，而观众眼看着老妇人一头白发变黑、满脸皱纹消弭，“返老还童”后从影像中“走”出来了一个五六岁的小女孩！

快乐一读

青岛新增渡轮有厨房及贵宾包间

青岛市新增的一艘渡轮，名为舟渡5号。舟渡5号全长60米，重1444吨，最多可乘载480人，汽车运输量为25辆，与舟渡1号相比，虽然船长短了5米，但在载客量上，舟渡5号更具优势。舟渡5号从外观上看，内外壁均粉刷一新，结构与其他渡轮没有什么差别，底层为车辆放置区，中层为载客区。在三楼，除了工作区和操作室，还有五六间贵宾包间，贵宾包间里有三个沙发和一个茶几，还有电视，这同时也是工作人员的会议室。在渡轮底层，还有一个小小的厨房，走进厨房，里面各种厨房设备一应俱全，爱好渡轮并热衷自给自足体验渡轮厨具生活的旅行者来说，这是个很新鲜的旅游体验方案。

环保的电动滑板车

2004年3月3日，日本一名42岁的男子藤原干一进行了一次另类环游世界旅程，驾驶完全环保的电动滑板车走遍全球，以宣扬环保信息。藤原干一于3月19日由日本出发前往墨西哥，正式展开旅程，并于2006年11月返回东南亚，结束行程，全程约4.1万千米，在3年时间内完成。藤原所拟的行程经过33个国家，并沿途前往参观至少18棵被当地人视为“神木”的大树，以示对大自然的尊敬。藤原所用的电动滑板车是由山叶公司制造的全球首批大量生产的电动滑板车，它以内置锂离子电池推动，每次充电后可行走15~32千米。

骑着滑板车环游乃世界奇闻呀，那么什么是滑板车呢？

滑板车是继滑板之后的又一类运动型新产品，速度可以达到20千米/时，这种新型产品来源于世界科技先进大国日本，但却是一位德国工人发明的，它是一种简单的省力运动机械。

你知道吗？

英国老翁高速路“飙”滑板车

2009年04月27日，英国一名89岁老翁因走错路，结果骑一辆滑板车闯入一条限速113千米的高速路，后由警方送回家。法新社24日报道，英国东南部肯特郡警方接到多名司机报告说，一名老翁在当地切里顿附近的一条高速路上骑滑板车，事情让人目瞪口呆。警方一名女发言人说：“这名老翁现年89岁，外出购物时在英国南部西萨塞克斯郡肖勒姆附近拐错路口，结果误入高速路。”一名司机在警察到来前叫停这名老翁。他说：“老人家说自己原本是出来买份报纸的。他一定是在环岛那里走错路口。”

快乐一读

书包滑板车 别出心裁

小巧玲珑的滑板车近几年来之所以人气大旺，最重要的是玩滑板车必须有胆量，这正符合想象力丰富、喜欢挑战的青少年们的口味，如今形形色色的滑板车已成为青少年新一代的潮流运动产品。更令人拍手叫绝的是，聪明的设计师居然把机动灵活的滑板车与小朋友的书包有机结合在一起，设计了一款新奇的书包滑板车。这款另类的书包滑板车内置轻质折叠滑板车，只要将其伸展开来，孩子们就可以踏着滑板轻轻松松地上下学了。它既能让孩子们在上下学的途中驰骋健身，还可以帮助孩子减轻肩上的负担，可谓一举两得、别出心裁，因此也受到众多家长与学生的关注。

印度牛车拉火箭

印度是个文明古国，历史悠久，如今也正前进在现代化的道路上。要论及它的交通，有一件事颇具象征意义：1981 年印度发射火箭时，把火箭运进发射场的是牛车。印度的白牛背上有隆起的峰，木杠就架在那上面。四处游荡，走累了就在马路上一卧，汽车绝不敢去撞它们。印度的火车分五等，印度独立前，还有三等车厢，圣雄甘地游全国时，就坐这等车厢，与老百姓同甘苦，已成历史美谈。在摩托车与汽车的洪流中，自行车、人力车、牛车都“奋勇争先”，有空就钻，再加上悠闲的神牛和不时出现的大象，真是够交通警察头痛的了。不过，印度总还是在进步，由牛车运送的火箭，不是也飞上太空吗？

火箭（rocket）是以热气流高速向后喷出，利用产生的反作用力向前运动的喷气推进装置。现代火箭可用做快速远距离运送工具。

火箭推进器的直径是多少？

火箭推进器的直径是多少？答案是4英尺（约1.2米）又8.5英寸（约0.2米）。为什么要选择这么奇怪的数字呢？原来，推进器造好之后要用火车运送，路上会通过一些隧道，这些隧道的宽度只比火车轨道宽一点，因此，火箭助推器的宽度基本是由铁轨的宽度决定的。火车最早是在欧洲出现的，现代铁路两条铁轨之间的标准距离是4英尺又8.5英寸，这一距离正是早期欧洲电车所用的轮距标准。而电车轮距的标准又沿用了先前马车的轮距标准，这一距离则由英国马路辙迹的宽度决定。2000年前古罗马人为了使他们的军队驰骋整个欧洲，为他们的战车量身铺设了大量道路，而4英尺又8.5英寸正是罗马战车的宽度，人们惊奇地发现，这也恰恰是当时牵引一辆战车的两匹马屁股的宽度！

你知道吗？

快乐一读

NBA吉祥物火箭熊年薪可达20万

自1995年第一次在NBA亮相，火箭吉祥物火箭熊已经成为NBA最著名的吉祥物。运用讽刺和恶作剧，火箭熊让NBA比赛的恶作剧达到了顶峰。2003年12月，火箭熊以超常的创造力、努力程度和贡献，被美体育媒体评为“全美体育最出色的吉祥物”。同年，他还被一家体育网站评为NBA最佳吉祥物。2005年，火箭熊收获了一大堆奖杯，其中有体育吉祥物年会评选的NBA年度最佳吉祥物、全美体育协会评选的有史以来最成功吉祥物第5名、《休斯敦纪事报》评选的城市最佳吉祥物，并在这年举行的吉祥物技巧大赛上勇夺桂冠。火箭熊还先后出访过中国、俄罗斯、加拿大、墨西哥等10多个国家。

缆车“剥”裤

缆车趣事多多，那么什么是缆车呢？

缆车就是由驱动机带动钢丝绳，牵引车厢沿着铺设在地表并有一定坡度的轨道上缆车运行，用以提升或下放人员和货物的运输机械。

某国一处滑雪场之前上演了一出尴尬场面。一名男子在上缆车时，因座椅故障，整个人头朝下翻转了下来，所幸他的雪橇将他卡在缆车上，没有掉下来。但是令人尴尬的是，他的裤子被扯下来，整个下半身暴露在冰雪寒风中，直到 15 分钟后才有工作人员将他救下来。

你知道吗？

世界最长的空中缆车

在澳大利亚昆士兰北部的库连达热带雨林中，有一架被当地人称为“天空之轨的空中缆车，它是是世界上最长的缆车，全长7.5千米，中途经32个塔台，以6号塔台最高，为40.5千米。这架缆车由山上到山下足足需要1.5小时。可别以为漫长旅程会闷出病来，坐在缆车上，壮丽的湖光山色和奇花异卉不绝眼前，你可以眺望整片密麻麻的热带雨林，缆车每行驶100米，便有超过80种不同品种的树木出现眼前，坐在车厢中静观窗外的巴伦峡谷国家公园，才发觉眼下虽全是绿色植物，色彩竟能如此多变。

快乐一读

为赶挤奶时间牧民将奶牛用缆车运上山顶

据英国《每日邮报》报道，为了能够及时将奶牛运送到山顶上的牧场，德国当地一名牧民竟然动用了山地救援用的缆车将奶牛拴在缆车上运到山顶去。据说这名突发奇想的牧民名为露露。对于当地牧民来说，一直以来，由于前往牧场的山路过于陡峭，将奶牛运送到牧场挤奶都是一件相当不容易的事情。为了将奶牛送到山顶上的牧场，牧民可是要费尽九牛二虎之力。当天，为了能够赶上挤奶时间，在露露的多次恳求之下，当地山顶救援部门最终决定动用缆车，将奶牛运送到山顶上的牧场去。

被土豆击沉的潜水艇

土豆击沉了潜水艇？听起来让人难以置信，可这事却真实发生过。第二次世界大战期间，一艘德国潜艇经过一昼夜潜航，浮到海面上充电换气。没想到，潜艇正好浮在一艘美国驱逐舰旁边。事情发生的太突然，双方一时都没有反应过来。醒过神来，双方便互相开炮射击。由于距离太近，彼此都没能命中目标。这时，德潜艇已驶到美舰炮的射击死角。美舰员情急之下，拿起堆放在甲板上的土豆，投向德潜艇。德潜艇误以为是手榴弹，连忙急速下潜。结果，操作不当，潜艇一头撞在海底礁石，再也没有浮起来。就这样，美舰员弄假成真，用土豆击沉了德潜艇。

如此不堪一击的潜艇，直叫网友惊叹不已，那什么是潜艇呢？

潜艇是一种能潜入水下活动和作战的舰艇，也称潜水艇，是海军的主要舰种之一。潜艇在战斗中的主要作用是：对陆上战略目标实施核袭击，摧毁敌方军事、政治、经济中心；消灭运输舰船、破坏敌方海上交通线等。

你知道吗？

从酒瓶到潜水艇

莱克是一位爱动脑筋的美国青年，在经过刻苦探索之后，他于1893年研制出一艘柜子形状的小型潜水艇。因为要借助压载物才能沉入海底，而且要靠轮子滚动才能在海底行进，所以这种形状的潜水艇稳定性很不理想，虽然莱克对其进行了多次改进，但效果仍不明显。一天，为了放松紧张的神经，莱克约几位朋友到海滩野餐。酒足饭饱之后，他们举行了扔酒瓶比赛。随着阵阵“扑通”声，被扔出的酒瓶一个个沉入海底。然而，一个扔得最远的酒瓶由于还装有半瓶酒而没有沉下去，在水面上伸着瓶颈摇晃。当朋友们看着这只摇摇晃晃的酒瓶发笑时，莱克却从这一偶然的现象中得到启示：如果能加大潜艇上部浮力，它就能稳住而不会沉没。莱克将“酒瓶不沉”的原理应用于潜水艇设计，发明了由耐压壳体和非耐压壳体构成的双壳体潜水艇。

快乐一读

安徽牛人自制潜水艇试航

2008年，一位只有小学文化却造出潜水艇的安徽小伙火速蹿红网络，被叫做“超强牛人”。时隔一年，这位名叫陶相礼的安徽小伙造的潜水艇已经成功下水了！陶相礼出生在阜阳的一个农民家庭，2007年，他开始钻研潜水艇制作知识，并经过一年时间的打磨，制造成了一艘长6.5米、重为800千克的潜水艇。虽然潜水艇身由油桶制成，但是潜水艇内测压仪、监控器、供氧器等样样不缺，还装了前灯。而潜水艇一制造出来就得到了极大的关注。

雪橇雪橇雪上飘

穆勒创造了雪橇赛场的幽默史，雪橇这个名字也进入更多人的视野，那什么是雪橇呢?

雪橇是雪上运动器材。用木料或金属制成。种类繁多，一般有无舵、有舵、单撬、宽撬、骑式、卧式、连模、牵引、电动、风帆等类型。

在一次穆勒在经过一番艰苦的较量后以第二名的身份登上领奖台。在颁奖仪式之后，他和金牌以及铜牌获得者聚在一起拍照，意外就在这时发生了。“我们走到一起，然后摄影记者们建议我们咬一下奖牌，”这位28岁的选手有点羞涩地说，“我就真的咬下去了，然后我前门牙就被崩掉一块。情况不是太糟，我也没觉得疼，我记得自己以前在家的时候也发生过同样的事情。”

你知道吗？

“老鹰”埃迪本名是迈克尔·爱德华兹，1988年冬奥会上，他是第一个也是唯一一个代表英国参赛的滑雪选手。他是近视眼，当他戴着可乐瓶子样的眼镜，挺着滚圆的身体进行古怪的跳跃时，成了人们的笑料，他排名最后。之后，国际奥委会做出新规定：只有真正的竞争者才能够代表一个国家出战奥运会的比赛。国际雪联也禁止“老鹰”埃迪参加翌年的世锦赛，因为他们不想任何人在雪山上胡闹。但是，“老鹰”埃迪在英国人心中仍然是英雄。热带岛国牙买加派雪橇队出现在1988年卡尔加里冬奥会上时，同样引起了人们极大的好奇。牙买加队在比赛中演砸了，雪橇也不知去向，他们最终走着到了终点线。“牙买加奇迹”后来被拍成了一部好莱坞电影——《冰上轻驰》，被永久地记录了下来。

快乐一读

一"死"成名天下知 雪橇成冬奥曝光度最高项目

库马里塔什威利毫无疑问将成为世界雪橇运动历史上的最著名的人物之一。斯人已逝，但由他引起的关于雪橇的争议却远远没有结束。在谷歌搜索引擎里输入英文的"诺达尔·库马里塔什威利"，竟然得到4000多万个结果。雪橇运动也因此得到了至少4000多万次文字、图像、音视频的宣传，称之为"地毯式集中轰炸"绝不为过。上至国际奥委会主席罗格、格鲁吉亚总统萨卡什维利，下至远在格鲁吉亚偏远山区的库马里塔什威利的堂弟，都卷了进来，无形中为雪橇运动做起了推广活动。

墨西哥渔夫真是牛

2006年8月9日，在太平洋水域捕鱼的一艘中国渔船发现了一艘失去动力的小渔船，并从船上救上了3名饿得皮包骨头的墨西哥渔夫。一开始人们以为这3名墨西哥渔夫只在海上漂流了3个多月，但最新调查发现，他们可能从2005年9月就失踪了，已经在茫茫大海中漂流了11个月时间，据悉，3名获救的墨西哥渔夫之所以漂流这么长时间仍然大难不死，显然是靠喝雨水、设陷阱捕捉海鸟和海鱼果腹才能活下来的。当这艘8米长的有机玻璃小渔船2005年9月离开墨西哥圣布拉斯市时，船上共有5名渔民，然而另外两人忍受不了在茫茫大海中漫无目的漂流的绝望和痛苦，早就从船上跳下海中，可能都已身亡。

上述渔夫已经创下了一项海上幸存史纪录。那么什么是渔船呢？

渔船，顾名思义，就是用于捕鱼的船，有时也可以充当紧急救援与运输等任务。

七旬渔翁造百艘渔船模型记录历史变迁

虎门镇渔港社区一位70多岁的渔民，用三年多的时间制作了近百条不同时期的渔船和渔民居所模型。通过他的作品，人们可以了解该镇渔港几十年来的发展变化。这位老人是当年萌发制作渔船模型想法的，其目的是让下一代认识以前渔民的生活以及渔村的发展过程。老人制作的渔船模型中，有些作品因为被有关单位借用，老人就拍下照片贴在墙上。这些作品反映的是同时期的拖船、虾船、夫妻艇、两边挂网打鱼的横缯船以及渔民水上、岸上居住的房屋等。制作这些渔船模型费了不少心血，渔船模型的材料都是老人从周边旧屋拆建中拾来的，较大的模型船要花几个月才能做好，虽然辛苦，但是想到这项工作能让下一代了解渔港的发展变化也值得。

快乐一读

渔夫捡到丢失了39年的钱包

2005年8月，渔夫安东尼奥·兰代祖在距离卢贝克丢钱包的地方大约25英里（40.2千米）处捞起了钱包。外壳上沾满了泥浆，但里面还有10~12美元以及身份证。回溯到1966年，詹姆士·卢贝克驾驶着他的帆船与暴风雨抗争着，而他的钱包从他后面的口袋滑入了马波海德港。“这太不可思议了”，他说，“人生总是充满神奇。”44岁的兰代祖说他起初认为钱包是什么人在海上不小心弄掉的，但当他看了信用卡，他发现该卡在20世纪60年代末期就过期了。而卢贝克留在马波海德电话簿上的只有一个叫乔纳森的人。兰代祖便给他打电话，并紧张地询问詹姆士·卢贝克是否在家。当他从卢贝克的女婿口中得知卢贝克还健在并住在康奈狄格的消息后，才放下心来。

苍蝇与宇宙飞船

令人讨厌的苍蝇，不仅很脏，而且还会传播细菌和病毒，但它却为航天事业立下了汗马功劳。以前，因为飞船中有不名气体，所以飞船常常在进入太空时发生爆炸，导致人员伤亡，造成经济损失。几年过后，科学家们终于在苍蝇的身上找到了解决飞船爆炸的答案：苍蝇能闻到几千米外的气体，是因为长在触角上的“鼻子”，每个“鼻子”只有一个鼻孔与外界相通，里面有上百个嗅觉神经细胞。如果有气体进入“鼻孔”，这些神经就立即把气味刺激转化成神经电脉冲，送往大脑。大脑根据不同气味物质所产生的神经电脉冲，就可以区别出不同气味的物质。苍蝇的触角就像一台灵敏的气体分析仪。仿生学家得到启发，根据苍蝇嗅觉器官的结构和功能，仿制出小型气体分析仪。这种仪器已经被安装在宇宙飞船的座舱里，用来检测舱内气体成分。

与苍蝇有关的宇宙飞船着实让人充满神奇，那什么是宇宙飞船呢？

宇宙飞船，是一种运送航天员、货物到达太空并安全返回的一次性使用的航天器。

你知道吗？

英牛人竟把家变成宇宙飞船，自己当船长

英国有位叫托尼·阿莱恩的《星际迷航》电视剧的超级粉丝，历时8年把自己500平方英尺（约46.4平方米）的家打造成剧中《星际迷航》飞船的内部，并且屋内所有的设备如声控灯，LED照明，日间照明灯，空调、家具、布景，啥高科技都有，基本上就和《星际迷航》中的“航海家”号飞船内部场景一模一样，普通人进来后还真有种以假乱真的感觉。其实让托尼·阿莱恩装修的原因是因为几年前，与他结婚7年的妻子移情别恋，公司也破产了，阿莱恩一时找不到生活的目标，在一次睡梦中，他想起儿时的梦想就是拥有一艘属于自己的星际飞船，于是从那时开始便完全依靠自己的力量开始了这项看上去不可能完成的任务。

快乐一读

英国私人宇宙飞船今夏试飞

英国亿万富翁理查德·布兰森旗下的维珍银河公司2008年1月23日揭开了新型私人宇宙飞船的神秘面纱，寻求刺激的富人可以搭乘这种由双舱母舰发射的宇宙飞船进行太空之旅，享受飞天和失重的双重滋味。鲁坦对自己杰作的评价是："漂亮得令人窒息！""白色骑士二号"是一个双舱的高空喷气机。这种喷气机身兼两职，不仅能发射飞船，还能作为太空游客的训练机。"白色骑士二号"有4个发动机，翼展约42米，可与B-29轰炸机的翼展相媲美。目前，来自全球很多个国家的一些人预订了太空之旅。当然，代价也不菲——每人每次20万美元。

原生态的安全头盔

随着气温升高和暑假到来，许多骑摩托车的驾驶员不注意安全，怕热不戴头盔，为此四川市交警支队直属二大队于2010年6月开展为期两个月的专项行动，集中时间和警力对骑摩托车不戴安全头盔的人员一律顶格处罚。一男子头戴用南瓜壳做成的“安全帽”，骑着自行车奔驰在乡村公路上。与那些只要凉快，不顾生命危险的市民相比，此男子的做法直叫网民拍手叫好！不知道他的安全帽是用来装酷的，还是用来遮阳的。

不管怎么说，这个创意还是相当不错的。那么，为什么要戴头盔呢？

头盔是用来保护头部的用具。我国《道路交通安全法》第五十一条规定，机动车行驶时，驾驶人、乘坐人员应当按规定使用安全带，摩托车驾驶人及乘坐人员应当按规定戴安全头盔。

男子高速路上带闪光头盔
交警误认为外星人

2010年17日晚9点05分左右，执法队员驾车巡逻至渝宜高速晏家往长寿方向一千米处时，发现一可疑光源在路边不断闪烁。当执法车接近后，赫然发生一个戴着红色头盔的人影，可疑光源是头盔上发出的，很像一个头上发光的“外星人”。原来是一名中年男子正在路边向过往的客车招手。执法人员随即将男子拦下，这才发现男子戴的头盔上确实有个灯泡，下面连着两串电池提供电力。经查，该男子在长寿区晏家街上做小生意，当天老家有一名亲戚要到晏家来打工，让他在高速公路上来接。考虑到抵达的时间已是晚上，便在头盔上加装了电池和灯泡，方便亲戚及时发现他。

大客车挡风玻璃没了 司机戴着头盔继续开

2010年1月24日下午2点30分左右，一个雷人的驾驶员驾驶着一辆雷人的大客车在龙丽高速上飞驰。大约15分钟后，一辆车头部位有明显碰撞痕迹且车的挡风玻璃已整体碎裂脱落的白色大客车朝着民警的方向开了过来。据该车驾驶员陈某说，他的车在江西九江发生追尾交通事故，在当地联系不到保险公司，为节省维修时间和费用，就驾驶这辆四处漏风的大客车一路从九江开回温州，直到被民警拦截下来的时候，他们已开了500多千米。由于没有了挡风玻璃，一路上风吹得陈某眼睛都睁不开，所以他还特地买了一顶摩托头盔戴上开，这副雷人的扮相一路上的回头率还真不少。民警对他进行了严肃的批评和教育，并根据我国《道路交通安全法》第二十一条的规定处罚了司机200元，责令驾驶员联系拖车将带有安全隐患的事故车拖回温州。

危险液体拒绝登机

2007年，哈尔滨机场安检部门在对哈尔滨飞北京CA1612次航班旅客进行检查时，发现旅客殷某包内有4瓶矿泉水，开包员立即进行开瓶例行检查。该旅客谎称此液体无毒无害也不易燃，没有问题。为了保障飞机飞行及乘客安全，值班部门经理不敢马虎，倒出少许液体试烧，结果火苗蹿出一米多高。面对事实，旅客不得不承认其中有两瓶是乙醚，另外两瓶为氢氧化钠液体，这两种液体分别具有易燃和强腐蚀性，如果被带上飞机是非常危险的，该旅客遂被取消登机资格。

我国《道路交通安全法》第六十六条规定，乘车人不得携带易燃易爆等危险物品，不得向车外抛洒物品，不得有影响驾驶人安全驾驶的行为。“易燃易爆等危险物品”，是指自身物质的化学分子结构不稳定，容易因外界环境的细微变化，如过温、碰撞、摩擦等而引起化学反应，导致燃烧、爆炸的物品，以及其他容易对公共安全产生威胁的带有腐蚀性、传染性、毒性、放射性的物品等。

怎样在大城市泊车?

城市管理中，机动车停放是个大问题。在新西兰的奥克兰、基督城以及澳大利亚的悉尼、墨尔本等城市，停车位非常紧张，要走好远找到正式停车位才敢停车，即使这样都没有乱停车的现象。在悉尼，有专门给残疾人和老人的停车位，别人是不敢随便占领的。在新西兰，市区在靠近邮局、银行处会有一些免费车位，但是明确写着免费时间（一般是5、15、30分钟不等），可供临时停车使用。如果超时停放，将面临高额罚金。开单的人会在你车子的轮胎上用粉笔做个时间标记，如果超时车子还在，就要开罚单了。尽管人们也经常抱怨停车费用很高，但没有人敢随便“越雷池”。

你知道吗?

快乐一读

可锁定3千米的车载测速仪

在大洋洲，警力少，警察执法自然要找重要部位。高速公路是理所当然的重点，警车多集中在容易超速路段。比如在新西兰，从基督城到但尼丁的高速路很长一段都是直路，很容易超速。警车有时就潜伏在路边不易被发现的地方，等你看见为时已晚。警察的车载设备很先进，可在3千米之内锁定超速车辆及车速，并根据相应时速对照罚款表开出罚单。小L就曾在此路段被一警车拦截，警察很客气地把他请到车里，只见126千米/时的数字在那闪烁。很不幸，120～125千米/时罚款200新西兰元（1000元人民币），而126～130千米/时则要罚款400新西兰元（2000元人民币）。开完罚单后，警察说小L有权在1个月内向法院提出申诉，而小L无话可说。

别把超速当儿戏

在夜间，浙江金华高速路上，碰到了这样一件有趣的事，让人啼笑皆非——浙 K5×××8 号车行驶速度不是很快，也就 120 码左右，但是开过测速点时还是被“闪”了。于是驾驶员何某减慢了车速行驶，本以为他要开始按规定车速继续行驶，谁知他却将车停了下来，拿出个光盘遮在了前牌照上，加油继续超速行驶。正当何某为自己的小聪明得意洋洋的时候，守候在服务区的民警逮了个正着。哎，真是得不偿失啊。

超速行驶，害人害己，那什么是超速驾驶呢？

超速驾驶是指行车的速度超过道路条件允许行驶的最高速度。我国《道路交通安全法》第四十八条规定，机动车应当按照公安机关交通管理部门指定的时间、路线、速度行驶。

你知道吗？

西班牙盲人驾车超速将创世界纪录

西班牙巴塞罗那市交通警察在分析他们的雷达测速仪拍摄的照片时，发现了一辆汽车以154千米/时的高速行驶，在找到了这名违反交规的驾驶员多明戈·梅利诺后，警方大吃一惊：多明戈·梅利诺可能创造了一个世界纪录——盲人驾车超速纪录。因为多明戈·梅利诺告诉警方，他是一个盲人，而且是双目失明。不过事情还没有就此结束，盲人高速驾车的消息很快便成为趣闻传开了，而一家保险公司听到后满心欢喜。原来在两年前多明戈·梅利诺因为车祸造成双目失明从这家保险公司获得54万欧元的赔偿。保险公司认为，既然多明戈现在能如此高速驾车，显然不会是双目失明，因此保险公司要求法院判决多明戈·梅利诺返还54万欧元。法院裁定，多明戈·梅利诺不必返还保险金，但今后不准其驾车，即使不是超速行驶。

快乐一读

法国：救护车超速照罚不误

法国东北部的斯特拉斯堡，几家大医院的救护车在2005年11月份因抢救病人而在道路上超速，并都被测速雷达逮了个正着，随即引发当地对救护车急救伤病人员时超速行驶的讨论。几家医院透露，本月救护车的超速事件已有10余起，院方也因此向交通部门缴了1000多欧元的罚金。院方的一名医师指出，急救病人刻不容缓，有时就是与时间赛跑，偶然超速是正常的，不应予以处罚。为此，医院甚至将“官司”打到了省长那里，并大呼无辜。不过这名医师也表示，他们希望政府部门对救护车速度问题作进一步的行政规定；而在政策出台前，他呼吁救护车司机们“尽量不要在雷达测速区超速行驶”。

总统被投诉了

俄罗斯一名叫维克托的市民竟然向交管部门投诉总统，理由是梅德韦杰夫“开车时没有系上安全带，而且在照明不好的情况下，他也没有打开前车灯，严重违反了交通规则，依照法律应当罚款500卢布。”这事真叫人啼笑皆非，只怪电视台太“敬业”，在总统登车准备离去时，他们仍恋恋不舍地抓拍总统的最后一个镜头，导致眼尖的维克托一眼就发现了总统的违规问题。交管部门也够狡猾的，他们对维克托说：“感谢你对总统的关心，但这事属于总统的安全问题，该由联邦保卫局管。”一脚就把皮球踢给了其他部门。维克托又向联邦保卫局投诉，他毫不含糊地说：“法律面前人人平等，总统更应当做奉公守法的典范，如果他能承认自己错了并且缴纳罚款，就会为所有司机做出好表率。”保卫局官员颇感为难，置之不理吧，既显得不尊重民意也显得对总统的安全问题不负责，管吧，如何让总统下得了台呢？他们想破脑袋，几番斟酌后，终于找到了“合理”的解释：“维克托先生，你看到的只是总统刚上汽车的镜头，在汽车启动后，他就系上了安全带，遗憾的是，这一幕并没有摄入镜头。因此，总统不存在违反交规问题，当然也就不用罚款了。”

普通市民竟然因未系安全带投诉总统，到底什么是安全带呢？

汽车安全带是指带有预收紧装置和拉力限制器的安全装置，极大地减轻乘员的受伤害程度。

你知道吗？

英国狗乘车都系安全带

在英国，一条可爱小狗系上了特制的安全带，以防止它在车辆事故中受伤或者加剧事故的严重程度。可见国外的车主在驾车安全的意识上的确比较高，甚至已经考虑到宠物的安全。专家解释安全带的重要性：当车辆在高速行驶时发生碰撞或紧急制动时，巨大的惯性会使车内乘员与方向盘、挡风玻璃等发生二次碰撞，从而造成对乘员的严重伤害。安全带能将人束缚在座位上，它的缓冲作用会吸收大量动能，极大地减轻乘员的受伤害程度。其实，当车辆仅以40千米/时的速度行驶，一旦发生碰撞，身体前冲的力量就相当于从4层楼上扔下一袋50千克重的水泥块，冲力之大可想而知，当然会对血肉之躯带来巨大伤害。

快乐一读

史上最雷人的安全带系法

一男子有一次在公路上超速驾驶，被交通警察拦了下来，该男子才发现自己没有系安全带。为了避免被加重处罚，他就手忙脚乱地把安全带胡乱往身上一挎，然后才把车窗摇下来。警察有条不紊地处理完超速问题，在离开之前问他："你相信这安全带真能令你更安全吗？"该名男子故作镇静地说："我每次开车都照章佩戴安全带。"警察听罢啼笑皆非地指了指方向盘问道："那么，每次你都把安全带穿过你的方向盘吗？"男子低头看着死死缠着方向盘的安全带，羞得无地自容。

电子眼的眼力劲

原来只是电子眼，那什么是电子眼呢？

“电子眼”又称“电子警察”，是“智能交通违章监摄管理系统”的俗称，1997年在深圳研制成功后开始逐步推广使用，电子眼是通过对车辆检测、光电成像、自动控制、网络通信、计算机等多种技术，对机动车闯红灯、逆行、超速、越线行驶、违例停靠等违章行为，实现全天候监视，捕捉车辆违章图文信息，并根据违章信息进行事后处理，是一种新的交通管理模式。

有家电厂换了老板发现了煤量中存在虚数，但是，过了很长时间他也没搞清这虚数究竟从何而来。

于是他悄悄在厂子里几个关键部位安装了电子眼。

很快，他就看清楚了事情的真相。他采取了断然措施，下掉了那个黑心的看磅人，驱逐了那些“绕磅”的蛀虫。而这个被他在电子眼中看得清清楚楚的不与那些蛀虫同流合污的年轻人被他定为长期合作伙伴。

你知道吗？

超速司机将闪电误认为“电子眼”主动请罚

2009年5月28日晚9时许，在武汉某高速出现了这样奇怪的一幕：一辆黑色轿车驶出收费站后，停在路边。该车驾驶员从车上下来，手里拿着200元钱来到民警面前，称自己的车刚才在高速公路上超速了，要求当场交纳罚款，免得事后处理麻烦。原来驾驶员李某在武汉工作，家人都在襄樊，白天因为工作原因不能回家，所以晚上连夜赶回家过端午节。由于回家心切，不小心开快了点，李某在高速公路上看到一道闪光，肯定是因为超速被电子警察摄像了。但是通过调取高速公路测速仪数据，发现该车虽然超过了规定时速，但是情节轻微，依据有关规定只给予警告处罚，至于李某看到的“闪光”，可能是因为最近襄樊地区雷雨天气较多，天空出现的闪电缘故。

快乐一读

英男子研制汽车隐形衣躲电子眼罚单

英国男子阿尔贝托为了防止自己的赛车由于超速而被交警罚款，潜心研究多年，终于于日前开发出一种特殊的“汽车隐形衣”。该“隐形衣”能反射电子眼发出的闪光信号，从而在自动拍摄的违章照片上留下一片空白，如同让汽车“隐形”了一般。该“隐形衣”说白了就是一种特制的透明塑料薄膜，当将其罩在车身和车牌上时，肉眼看上去平平常常，可是却能反射电子眼发出的脉冲信号，从而在自动拍摄的违章照片上留下一片空白，如同让汽车“隐形”了一般。

斑马的条纹掉在路上了

在古罗马时代，意大利的庞培市一些街道上，人、马、车在一起混行，常常造成交通堵塞。为了解决这个问题，人们把人行道加高，使人行道与车行道隔开，然后又在适当地段，砌起一块块凸出路面的石头——跳石，以此来作为行人通过车行道的标志。行人可以踩着跳石穿过马路，而跳石之间的距离，可以让马车两个轮子顺利地通过。到19世纪，汽车出现了，跳石已不能适应交通的需要，经过专家们多次试验，50年代在英国伦敦的街道上，首次出现了如今这种人行横道线，那一道道洁白醒目的白线，像斑马身上的纹路，因而人们称它为“斑马线“。斑马线给行人提供了一条安全的通道，而且也提醒司机要减速慢行，确保行人安全。

斑马线也就是交通标线，那么什么是交通标线呢？

道路交通标线是由各种路面标线、箭头、文字、立面标记、突起路标和道路边线轮廓标等构成的交通安全设施。它可以与道路交通标志配合使用，也可单独使用。

神秘的路标

1929年，德国不莱梅一条公路开通不到一年，有100多辆汽车在这条公路上神秘地出事——都是撞在第239千米处的路标上，而该路段却是笔直的公路。各方调查人员对此无法解释。当地的一位探矿师卡尔·威尔认为，这种奇特的撞车现象是来自地下矿所产生的强大磁场所造成的。为证实这一推论，他手执一条采矿用的钢制“神棒”，慢慢接近路标，当他走到与路标平行的地方时，路标离他的横向距离为4米左右“神棒”突然从他手中飞出，仿佛一只无形的手猛地抓去，他本人也几乎摔个大跟头。果然，汽车是被强大磁场吸引而撞上路标的。

你知道吗？

会发光的公路交通标线

2010年3月2日，一种会发光的交通标线在北京市首次“上路”，将为走夜路的人们“护驾”，消除安全隐患。这种被称做“公路交通标线——夜光交通标线涂料”的标线首先在密云县境内的密西路、河东路施划，主要是解决山区乡镇公路夜间缺少照明设施，使行人以及非机动车使用人看不到标志标线，导致发生危险的问题。这种会反光的夜光交通标线涂料，由被动反光型转化成主动发光型，在夜间视线辨别能力差的环境下不用灯光照射即可自行发光，增强了标线的主观可视性，即使在无光源、较黑暗的环境下其可视性也大大优于普通标线，让行人和骑车人有了参照物。

德国的狗都懂得交通规则

在德国旅游期间看到德国人很遵守交通规则，就算是马路上没车辆行驶，但前面亮着红灯时，德国人是绝不会横过马路的。这样遵守交通规则的事很多人都曾听说过，但是，德国的狗都遵守交通规则的事，恐怕就极少有人听说过了吧。在德国波恩，有个旅游团一行 28 人在一条马路上行走着，两个女孩在对面马路向这一行人所在的方向走过来，她们的后面跟着一只大花狗。这两女孩已过了马路，可后面那只大花狗还只走到横过马路的三分之一，这时红灯亮了。只见那只大花狗急忙回身走回人行道上，待到绿灯亮了以后才横过马路来到两个小女孩身旁。后来我才知道，德国政府规定家庭饲养的狗都必须进狗学校“学习”。狗的主修课内容由狗的主人来定，比如：学看门守夜，学狩猎……但是一般的礼仪、遵守交通规则这些公共内容是狗的必修课，因此德国的狗是懂得交通规则的。

你知道吗？

国外趣味交通标志

不同的国家，不同的国情，不同的交通规则，交通标志也呈现不同特色。欧美许多城市在人行横道两侧设电钮标志，人们要过马路便按一下按钮，交通指示灯即显示红色，行人过后又自动换为绿色。日本名古屋的街口绿灯一亮，即发出一阵悦耳的鸟叫声，使人在过马路时感到愉快，盲人也会感到安全。美国某地有一条公路，在急转弯处竖着一块标语牌，一位年轻美貌姑娘的画像映入眼帘，下面写着她说的一句话“我爱开慢车”。据说，人们开车路过这儿时，速度就会自然而然地慢下来。在美国西海岸一条公路的急转弯处，有一幅标语牌是这样写的：“假如你的汽车会游泳的话，请照直开，不必刹车。”

快乐一读

最雷人直行道：顺直行箭头走十米是电线杆

直行车道的指示箭头，本来是为保障车辆安全而设，结果箭头前方就是线杆，安全指示箭头变成了指向危险的箭头。这场景出现在被网友称为“郑州最雷人直行道”的连云路上。司机如果在连云路上顺着直行标志往前走，就会撞到电线杆上。连云路与端午路交叉口，这里路面较宽阔，距离路口约20米处，一条直行道上立着一根直径约20厘米的线杆，而且距离地面上的直行箭头仅10米。既然让直行，前方却立着线杆，这让许多司机犯难。线杆上有“郑电”字样，而且该路口东西两侧还各有一根电线杆立在斑马线上。连云路开通半年，这线杆一直立在路中间，当初这些线杆并不在马路上，连云路拓宽后它们才跑到路中间了。由于当初市政部门修路时没有预算移杆等所牵涉的费用，而且这牵涉的费用不小，供电部门只能积极地和相关部门协调，但无法确定什么时候能移走线杆。

没有交警的国家

科威特 (Kuwait) 是一个仅有百余万人口的小国，由于盛产石油 (oil) 和天然气 (gas)，所以国民都很富有，几乎每个家庭都有小汽车。但奇特的是，这个国家没有指挥交通的警察。交通管理工作全部由电子计算机承担。电子计算机不仅能全面有效地指挥车辆有秩序地行驶，而且还能对违章车辆作出处罚决定。

没有交警固然省时省力，还提高办事效率，但是并不是每一个国家都能达到如此发达水平，交警暂时不可或缺，那什么是交警呢？

交通警察是指在公安机关内设机构——交通管理警察大队工作的人民警察。交通警察是警察的一个警种。其职责是维护交通秩序，处理交通事故，查纠道路交通违法行为，负责机动车的登记管理等，简称“交警”。我国《道路交通安全法》第四十六条规定，机动车通过铁路道口时，应当按照交通信号或者管理人员的指挥通行。

你知道吗？

交通指挥舞——“圣诞舞蹈指挥”

按常理，交通指挥动作应一板一眼，精确到位，但美国一名交警突发奇想，将指挥动作和街舞相结合，把交通指挥演绎成街头舞蹈。托尼·莱波尔是来自美国罗德岛州首府普罗维登斯的一名交通警察。他执勤时可谓与众不同。在指挥来往车辆的过程中，除了做出标准指挥动作外，他还充分展示其舞蹈天赋，让身体的其他部分一起动起来，看起来就像是在跳街舞。网友将他奇特的指挥过程拍下来放到网上，引得人们争相观看。人们称之为“圣诞舞蹈指挥”。交通指挥舞就是将指挥动作和街舞相结合，把交通指挥演绎成街头舞蹈。因夸张的肢体动作引起路人及司机频频侧目，有人赞同这种手舞足蹈式指挥法，也有人对此提出异议，称其违反交警执法手势规范，不予推广。交通警察将指挥动作和街舞相结合，在指挥来往车辆的过程中，除了做出标准指挥动作外，还充分展示其舞蹈天赋，让身体的其他部分一起动起来，看起来就像是在跳街舞，即一边指挥交通，一边跳舞。此种交通指挥舞也在韩国、中国得到推广。

快乐一读

演警察不忘本职业

某警察局的一群警察，被雇于一部电影中扮演警察。当摄影机开始开拍，演员都到了自己的位置时，他们突然看见一个小偷正在撬一辆汽车，警察立刻过去包围捉住小偷。小偷在被带上警车时还将信将疑地问："你们还真是警察呀？你们不是在拍电影吗？"把小偷押上警车后，这些不忘职守的警察又回去接着拍电影了。

罚违规者玩游戏

哥伦比亚的麦德林是该国第三大城市，因交通秩序混乱而远近闻名。为了惩治交通违规者，当地警察奇思妙想，发起了一项有趣的交通规则公共教育游戏活动。这种活动类似中国小孩子玩的“跳房子”，受罚司机必须按照交警吹出的口哨命令在一张画满各种交通标志的彩色席子上跳来跳去，而随着交警口哨越来越快，司机们也就会在席子上蹦蹦跳跳地忙个不停，直到违规司机汗流浃背,能熟练掌握各种交通标志时才会停止。不仅如此，警方还和当地电视台合作，把这一活动的录像搬上银屏，让违规司机在广大电视观众面前亮相。据说，这个特别节目很受欢迎，大大提高了收视率。

交通违章是违反交通管理的行为。凡是车辆、行人违反交通管理规章制度以及进行集市贸易和其他妨碍交通的活动，均属交通违章。

快乐一读

风趣诙谐的交通处罚

在意大利，男人是最怕剃光头的，他们觉得男人一旦被剃成光头是很不光彩的事。而意大利的交通法规中却明文规定如果一位司机在一年内累计发生2次违规的，除根据事故的具体情况按有关法规处理外，同时该司机还要将肇事的司机剃一次光头，而且不准戴帽子，用这种方法来警示司机，以儆效尤。在美国，如果你违章了，就会被安排到医院当几天病房护士，专门护理交通事故的受害者。整天面对被汽车撞得失去胳膊和腿的受害者，司机就会顿生恻隐之心，痛悔自己的违章行为。在哥伦比亚，司机违章后享受一次“看电影”的特殊待遇。一旦司机违规驾驶，就会被客气地请进一个内部电影院，观看一部令人心惊肉跳的交通事故纪录片。

毛猴子驾车闯红灯

在美国佛罗里达州，有一天早晨，交通警察发现一辆小汽车几次闯越红灯停车线。他仔细一瞧，不禁大吃一惊。原来，驾驶汽车的司机是只猴子。交通警察马上用步话机报告警察局出车跟踪追击，并通知各岗警堵截。驾车的猴子连同主人终于被警察追上。警察严肃指出：猴子驾驶汽车违犯交通规则，闯过红灯、越线停车更容易发生车祸。最后强调："不准猴子驾驶汽车。"而该猴子的主人却强词抗辩说："此举违反自由法律。"这场官司打到市政当局，最后闹到议会辩论，经全体议员举手表决，以微弱的多数票通过一项法案：为了交通安全，在美国佛罗里达州不准许动物在市内驾驶汽车，违者处以巨额罚款，直至判处有期徒刑。

毛猴竟然驾车闯红灯，简直闻所未闻。红灯属于交通信号灯，那么，什么是交通信号灯呢？

交通信号灯是交通信号中的重要组成部分，是道路交通的基本语言，由红灯、绿灯、黄灯组成。交通法规规定必须遵守"红灯停、绿灯行、黄灯闪烁多注意"的原则。

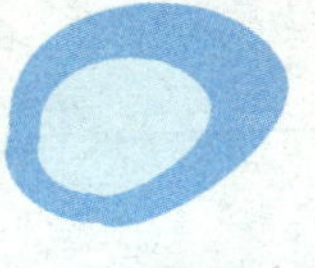

你知道吗？

意大利处罚违章司机有新招

意大利对违章司机的处罚更有意思。因为在意大利男人是最怕剃光头的，他们觉得男人一旦被剃成光头是很不光彩的事。而意大利的交通法规中却明文规定如果一位司机在一年内累计发生2次违规的除根据事故的具体情况按有关法规处理外，同时该司机还要将肇事的司机剃一次光头，而且不准戴帽子，用这种方法来警示司机，以儆效尤。

青藏铁路

青藏铁路是世界上海拔最高、穿越冻土里程最长的高原铁路。铁路沿途经过海拔4000米以上的地段有960千米，最高点为海拔5072米，穿越多年冻土里程550多千米。青藏铁路犹如一条神奇的天路，而修建它时所遇到的三大难题即多年冻土、生态脆弱与高寒缺氧。青藏铁路圆了中国人的百年梦想，显示出中国科学技术、工程技术的实力。它是民族团结的象征，架起了高原边疆各族人民与内地之间的幸福与友谊的金桥。青藏铁路的修建向全世界宣告："中国最后一个省区告别没有铁路的历史！"它是当代中国人修建的钢铁长城！

快乐一读

国外交通中的闲闻趣事

星期日无汽车的国家：西欧山国列支敦士登，人口只有万人，面积仅160平方千米，为了改善大气质量，规定每逢星期日只准骑自行车或步行，街上偶尔见到的几辆邮车或警车，都是须经有关部门特别批准的。这是目前世界上第一个实现星期日无汽车的国家。

不开私车上班的国家：瑞士是世界五大富国之一。但由于政府限制私人汽车，所以巨额补贴大力扶持公共交通，有轨电车和火车的买票方式多样而便宜。由于它比使用私车更方便、快捷，因此，无论是政府高官，还是企业巨头，都乘公交车上下班。所以，尽管瑞士人口密度大，却交通有序，空气清新。

没有交警的国家：科威特是一个仅百余万人口的小国，由于盛产石油和天然气，所以国民富有，几乎每个家庭都有小汽车。但奇特的是，这个国家没有指挥交通的警察。交通管理工作全部由电子计算机承担。电子计算机不仅能全面有效地指挥车辆有秩序地行驶，而且还能对违章车辆作出处罚决定。

没有红绿灯的国家：欧洲古国圣马力诺，尽管只有2万多人口，却拥有5万辆汽车。奇怪的是，在这样交通拥挤的情况下，却见不到大小交叉路口上的红绿灯。原来，该国的道路设计、交通管理十分科学。其道路几乎全是单行线和环行线。交

通规则规定，小路让大路，支线让干线。人人自觉养成遵章习惯，一到路口就停车，看清主干线上无车时再通过或驶入，因此，没有红绿灯却也秩序井然。

邮票与酒后驾驶

诙谐邮票在西德发售的“交通事故”邮票上，酒瓶、酒杯摆放得整整齐齐，但高档轿车却四轮朝天、面貌全非，简洁的构图寓意出了醉酒驾车的害人害己特征；在法国制作的“交通安全”邮票上，司机狂饮滥喝后不辨东西南北，开飞车一头撞到了巨大的酒瓶上，夸张的手法烘托出邮票的主题：喝酒还是开车，请你选择；在德国设计的“驾车违章”邮票上，盛满酒的高脚杯、开飞车的司机、红十字救护车不和谐地聚在一起，给人一种触目惊心之感；在匈牙利印刷的“反酗酒”邮票上，一只健康强壮的大手紧紧抓住一只伸向酒杯的伤痕累累的手，速写式的笔调传送着这样一则信息：要活命，就不要喝酒！

交通规则上午下午不同

世界人口最多的5个国家中，有3个是靠右侧行驶的：中国、美国和俄罗斯。另外两个国家，印度和印度尼西亚，则是靠左侧行驶的。其他各国略不相同。例如，加拿大、古巴、巴西、德国、希腊、墨西哥和摩洛哥诸国是靠右侧行驶的，而南非、巴基斯坦、斯里兰卡、澳大利亚、泰国和日本诸国则靠左侧行驶。而最让人瞠目结舌的要数地中海的岛国马耳他，上午你驾车靠左行驶时，警察会彬彬有礼地放行，而到了下午，你再靠左行驶，警察就要罚款了。原来这个国家规定：车辆一律靠无阳光的阴影一侧行驶。太阳在马耳他充当了交通调度员的角色。

靠左走还是靠右走？我国《道路交通安全法》第十五条规定，机动车、非机动车实行右侧通行。

你知道吗？

靠右行驶源于军队

古代的欧洲军人都左手持盾牌，右手执矛或剑，当两队军人在路上迎面相遇时，便采用靠右行进的规则，把左面让给迎面来的军队，双方可以在持盾牌的一边走过，避免冲突或误伤。8世纪法国大革命以前，贵族的马车靠左行驶，而平民走在道路的右侧。1789年大革命后，罗伯斯庇尔命令巴黎的马车和行人一律靠右行驶。拿破仑上台后，命令军车和运输马车也靠右行驶。被拿破仑征服过的瑞士，德国，意大利，波兰，西班牙等，都以靠右行驶为交通规则并延续下来。1792年，美国宾夕法尼亚州立法机关规定从兰开斯特到费城公路上的车辆一律靠右行驶。纽约州1804年颁布了州内所有车辆都靠右侧行驶的法律。由此奠定了美国右侧行驶的交通法规。

快乐一读

萨摩亚为节省买车钱 交通靠右行变靠左

萨摩亚一直从美国进口方向盘在左边的汽车，该国的道路也像美国一样是靠右行的。但近年来，萨摩亚总理马利埃莱额奥伊嫌美国车太贵了，想进口价格便宜但驾驶座在右边的澳大利亚和新西兰汽车。于是他力主推行“改车道”计划。虽然以后买车便宜了不少，但现在要跟着变的地方实在太多了，不仅路牌、信号灯等道路设施要变，交通规则和现有汽车也得改。因此这项“劳民伤财”的计划自提出起，就遭到国内民众的强烈反对。为了顺利推行此计划，萨摩亚政府想出了高招——全国禁酒3天，不管开不开车，都不能喝酒。这样人们出门时就能尽可能地保持清醒，减少因“犯晕”导致交通事故。另外，“换车道”的头两天全国放假，以此缓解交通压力。

它的头在什么地方

一名交警正在繁忙的十字路口指挥交通，发现一个盲人带着他的导盲犬走到路边，等着过马路。突然，导盲犬向马路中间冲去，拖着他的主人在这个全城最为繁忙的马路上乱蹿。这一突如其来的事态吓得汽车司机们纷纷刹车，马路上充斥着刺耳的紧急刹车声。交警也被吓坏了，但隔得太远又来不及帮忙。幸好，盲人和他的狗死里逃生，居然奇迹般地安全穿过马路，走到对面的人行道上。惊魂未定的交警发现，此时盲人居然从口袋里掏出饼干喂他的狗。交警走到盲人面前，怒不可遏地问："你的狗差点让你丧命，你还要奖赏它？！"盲人也满脸怒色，说："不，先生，我只是想找到它的头在什么地方，好让我踢它的屁股！"

一则小笑话却反映了盲人过马路的危险性。对此交通法规有何规定呢？

我国《道路交通安全法》第六十四条规定，学龄前儿童以及不能辨认或者不能控制自己行为的精神疾病患者、智力障碍者在道路上通行，应当由其监护人、监护人委托的人或者对其负有管理、保护职责的人带领。

你知道吗？

德国带孩子遛弯
套安全绳索就像遛狗

晚上带孩子出来遛弯，却拿个绳子把孩子拴住，就好像遛小狗一样，这样的景象一定很有趣。在德国，这种带儿童散步的方式已经成为新的时尚，越来越多的父母和儿童出门时开始用安全绳将儿童拴起来，越来越多人见到这样有趣的场景，而且，这种拴孩子散步的方式正在形成新的时尚！儿童用品商在接受《图片报》采访时表示，他们每年都能卖出更多的安全绳索。全球儿童安全网络在上海、北京和广州对儿童上下学安全步行情况进行了调查，至少有44%的儿童在上下学途中曾遇到非常危险的情况，并认为没有足够的空间可以安全步行；60%的儿童在穿马路时遇到困难，缺少交通标志和人行横道是他们面临的主要问题。

日本研制出新型“电子眼”可帮助盲人过马路

2004年，日本研制出一电子人工眼，可帮助视力障碍者过马路。它能准确识别人行横道，判断安全通过的时间，甚至计算马路的宽度。日本京都科学技术研究所发明了此系统。它有一个架在眼镜上的微型摄像头和能分析影像数据的佩戴型计算机。这个人造眼通过识别画在马路中央的白条纹识别日本的人行横道。它还能分辨出红绿灯来提醒使用者什么时候可安全通过。测试中，它对人行横道的识别率为196/198，无人行横道时也不报“找到”。而且，此系统能通过投影几何学计算出马路的宽度，精确到一步误差。该系统采用了语音提示系统，可通过耳边的小型扬声器告诉使用者。灵活行动是盲人和部分视力障碍人士面临的一个严重问题。这工具可帮助他们到处走动，会受到他们的欢迎。

快乐一读

司机肇事政府赔钱

1979年，美国洛杉矶一名吸了大量毒品的汽车司机闯红后，斜撞到另一辆汽车上，造成自己车里一名16岁乘客脑损伤和腿部残疾。这个案子经过5年之久的审议后，到1984年3月，经陪审团裁决，竟出现如下结果：该司机和洛杉矶市应赔偿受害者216万美元的损失。由于市政当局未及时修剪树枝，以致妨碍了司机的视线造成车祸，应负32%的责任，即69.12万元。因为司机没有钱，所以除非市政当局上诉获胜，否则因“连带责任”的规定，市政当局要付全部赔偿金。

你知道吗?

残疾男子堵马路强行乞讨，每车一毛钱

2010年6月19日16时许，一名身着破旧衣服的中年男子坐在马路中间，一条腿上还固定着支架，行动有些不便。男子身上明显可以闻到一股酒味，旁边横放着一辆红色的自行车。一人一车将马路堵住，后面堵了很多正欲通行的车辆。“一毛钱，只留一毛钱就行。”男子坐在地上，一手握着一枚一毛钱硬币向正欲通行车辆示意，需给付一毛钱硬币就可以放行。通行车辆均向男子交钱，男子收钱后会自动挪向一边，让出一条路让交费车辆通行。据附近一位围观群众介绍，他经常来此路段以这种方法行乞。由于他只要价1毛钱，大多数人觉得钱也不多，又不想耽误时间，便给了他钱。对于这种妨碍交通及给交通安全带来隐患的事件，政府有关部门应该采取有效必要措施进行治理，并辅之以必要的交通法规教育。

男子为爬车回家在铁轨上设障

“我将三角水泥桩搬上铁路，是希望火车慢下来，以便我爬车回家，”这可不是笑话，而是发生在2006年5月12日的一个真实故事。早上6时，T185次列车司机紧急报告：“危险，危险！广深铁路K105+007处轨道上有障碍物。”接报后，铁路有关部门迅速采取措施封锁该区间停止列车运行。据调查，该男子年初从湖北到广东樟木头镇打工，6月11日辞工。6月12日早上步行去火车站的途中，见铁路边上有水泥桩便产生将它放在钢轨上使火车减速，然后爬乘“霸王车”的想法。该列火车司机事后提起此事，仍心有余悸，“幸亏发现及时，否则后果不堪设想：轻则列车倾覆，重则车毁人亡，严重危及旅客列车生命安全。”据统计，为清除障碍物，广深线封路1小时，造成数趟列车晚点，经济损失严重。

白天驾车也要开车灯

芬兰地处北欧，四分之一的地区位于北极圈内。特殊的地理位置和气候环境，使芬兰制定了一些与众不同的驾车规定。白天要开车灯。在芬兰，不论白天还是黑夜，在城市还是在乡村，所有车辆在行驶时都必须打开车灯，这是每一位驾车者必须遵守的交通法规。白天开车灯可以给对面的车辆和行人起警示作用，以避免发生交通事故。早在上世纪 70 年代，芬兰交通安全研究人员就发现，在白天打开汽车小灯可以减少交通事故，因此“白日开车灯”是芬兰确保行车安全而采取的一种特殊手段。芬兰从 1970 年起就开始推行这一法规，瑞典和挪威也随之效仿。

白天开车灯在中国似乎是一件新鲜事，那什么是车灯呢？

车灯是车辆照明用的工具，可以分为前车灯、后车灯、转向灯、车牌照明灯等。车灯在车辆安全行驶的过程中起了重要的作用。

重庆惊现无车顶、无车灯、无挡风玻璃雷人汽车

该车的前端已没有了挡风玻璃，右前方的车灯处只剩下一个大窟窿，其余车灯也都存在明显损坏痕迹，而该车的车顶已经被砸掉了，车窗也仅剩下一面，其车尾更是惨不忍睹，几乎被砸成了一堆卷曲的废铁……但这辆常人看来已然成为废品的车子上，竟坐着一名司机，该男子看起来20多岁，头戴一顶小红帽，穿着一件浅黄色的外套，面带惬意的微笑，驾驶着该车行驶在车流量密集的公路上。前日，有网友拍下了这辆行驶中的破车，贴上网后顿时雷翻一堆网友，网友们纷纷感叹："这真是牛车年年有，今年特别多！"根据《道路交通安全法》规定，达到报废标准的机动车再上路行驶，交管部门将立即收缴强制报废。

你知道吗？

货车司机用手电筒当车灯开上高速路狂奔被罚

2009年12月6日晚上，一辆在青兰高速公路上行驶的大货车的前车灯突然坏了，驾驶员既不报警，也不修灯，而是左手拿电筒照明，右手驾驶着“无眼”大货车在高速公路行驶了15千米。“停车，快靠边停车。”发现情况后，民警立即用车载喊话器喊话示意，但是司机好像没听见一样继续向前行驶，车速也没有减，为了避免事故的发生，执勤的民警只好继续用喊话器向大货车喊话，大货车司机才将车停在了路边。对于为何不开前大灯照明行车，是因为司机的车行驶到38千米处时，前大灯突然不好用了，“在那里前不着村后不着店的，还是晚上，我也找不到人给我修，而我自己也不懂得修车技术，没办法了，才拿出了手电筒，准备用手电筒照明开车。”按有关交通法规，碰到这种情况，应该将车开到应急车道，打开应急闪光灯，摆上警告三角标志牌，然后报警求助，同时相关人员要撤离到护栏外面，等待交警赶到。

快乐一读

小狗也懂交通规则

长春市民张女士家的小狗美妞不仅会接电话会按免提，出门还会走人行道。这还不算，听它的主人张女士说，它还要在近期内学会跳舞，做一只“全能小狗”！“我家美妞的第二个绝活是会走人行道！”张女士骄傲地说。可不，美妞一出楼门，就冲人行道的方向跑去，过马路时，还机警地看了看左右两边的车，然后悠闲地在人行道“漫步”，一转头，看到张女士还走在慢车道上，立即“汪汪”大叫起来，三步两步窜到张女士身边，摇着尾巴拽她的裤脚，一直把张女士拽到了人行道。

小狗也知道人行道的存在，那到底什么是人行道呢?

人行道指的是道路中用路缘石或护栏及其他类似设施加以分隔的专供行人通行的部分。交通法规对行人的要求有必须遵守车辆、行人各行其道的规定，借道通行时，应当让在其本道内行驶的车辆或行人优先通行。

快乐一读

学生情侣骑车疯狂接吻撞上大树

在敦化路松花江路口的人行道上，一男生跨上了自行车，让女生坐在前面的三角架上，面朝向他。接着男生开始骑车，在此过程中，两人四目相对，只见男生一手扶住女生的腰，只用一只手掌控车龙头。不一会儿，两人竟然在自行车上开始接吻，这样一来，该男生的目光便全部集中在女生脸上，对周围的环境全无知晓，自行车也沿着直线一直行进着。不久，自行车正前方出现了一棵大树，可是两人都没有发现，周围的市民都大声惊呼。车子一头撞在了大树上。女生的后脑勺撞到了树上，当即就撞出了一个大包。据路人说，她头上的血将头发都染红了。

如何对付违章停车

在里约热内卢布，警察对付乱停乱放的车辆，先是将“此处禁止停车”的标语贴满车窗玻璃，然后再对驾驶员进行处罚，并令其将车窗玻璃的标语全部擦洗干净，使违章的驾驶员受益匪浅。在黎巴嫩，处理违章停车更有“绝招儿”。最初首都贝鲁特的交通警察对付违章停车的方法也是将违章通知单贴在挡风玻璃上，限期交罚款，但这种方法收效甚微，大多数司机根本就不理睬这一套。于是，交通警察以后再巡逻时，每个人手里拿一把锋利的大号改锥，一见到乱停放的车辆，二话不说，照着轮胎就是一锥子，然后把违章通知单贴在挡风玻璃上，并记下车号。若是发现该车再次乱停乱放，就扎两个轮胎。

幽默而有效的绝招，那什么是违章停车呢？

我国《道路交通安全法》第五十六条规定，机动车应当在规定地点停放。禁止在人行道上停放机动车；但是，依照本法第三十三条规定施划的停车泊位除外。

快乐一读

韩国停车场小姐跳舞指挥停车

乐天百货商店前，人山人海，车流如龙，一个情景尤其吸人眼球。百货商店的停车场前，一位身穿灰色大衣，头戴圆形小帽，手戴白色手套，脚穿长筒皮靴的指挥停车的小姐正在热情地指挥车辆安全准确地进入停车场。在停车场入口处的一位导停小姐高举右臂，手在空中像拨浪鼓般地摇动，戴着白手套的手犹如一团转动的雪球。接着，导停小姐扭动着身体，打出向左拐的手势，指挥车辆进入停车取卡口。在停车取卡口，第二位导停小姐鞠躬微笑着把停车卡交到驾车人手中。取完停车卡向前行驶20米，第三位导停小姐挥动手臂，以柔软、轻盈的手势将车辆引导到地下停车场……整个指挥停车的过程就像是一台优美的舞蹈表演。乐天百货商店的停车场是韩国最大的地下停车场之一，共有1800多个车位。在停车场的各个入口处都有导停小姐，由她们指挥车辆进入车位。这里特有的舞蹈化指挥停车在韩国引起广泛好评。

被人让座羞红脸

2006年10月14日下午，南京市民周小姐遇到了一件让她啼笑皆非的事情，自己身穿了一件韩版连衣裙，在公交车5路车上竟然被当成孕妇，两名乘客同时让座。原来呀，这位20多岁的周小姐的身材略胖，身上一件小碎花的连衣裙，与朝鲜民族服装有相似之处，没有腰身，胸部以下均是裙摆，宽宽大大的。因为她很喜欢看韩剧，喜欢戴韩国发卡，也喜欢穿韩式的衣服。不过韩式的连衣裙都是这样没有腰身的，而很多中国人，特别是老年人就不太理解，经常误认为是宽松的孕妇装。因此她一上5路车，遇到了这样的尴尬，坐在前面的两名大学生竟然同时站起来给她让座，周小姐愣住了，心想："干嘛？我有这么老吗？"看周小姐愣愣的样子，其中一名女大学生关心地问，"你是不是怀孕了，你坐我这儿吧。"周小姐一下子羞红了脸，连连摆手："没有，没有。是我的衣服可能造成你们误会了。"众人打量的眼神让周小姐有些局促，公交车行至下一站后，周小姐便仓皇下车了。

周小姐的故事固然让人啼笑皆非，但同时也体现了市民的良好文明素质。

此外，排队是我们社会生活中的一种行为秩序，北京市把每月的 11 日定为自觉排队日。并将每月 22 日定为“车辆排队日”，即当天出行的车辆，只要有两辆车以上在路面上行驶都应顺序排列，自觉排队礼让，讲秩序。

快乐一读

伦敦的“的士”全是白人

英国首都伦敦的街道不很宽阔，一辆接一辆缓慢行驶的汽车吸引着人们的目光。但让人特别感兴趣的是那些“的士”车，不仅因为这些“的士”都是“宝马”、“奔驰”等高档车，而且由于车身上几乎都绘着不同形状、不同色调的图画并附有英文短句。这种五颜六色的车辆在街上来回穿梭，构成一道靓丽的人文景观。英国有不少各色皮肤的移民，可是这些高档的出租车的司机几乎全是白人，可见英国的高档的士司机全都是属于“白领阶层”啊。人们不禁要问：“怎么这里的‘的士’司机都是白人呢？”因为在伦敦市区内开“的士”是个赚钱的好行道，因此异种肤色的人想要考个市区内“的士”驾驶执照，比登天还难。

奥地利最牛超载车

2009年2月，奥地利高速公路上出现惊人的轿车超载现象，一位农场主把两头奶牛装进小轿车后座运往农场，由于过度挤压从车后都可看到奶牛的大眼睛紧贴在车玻璃上。虽然农场主解释说，如果把奶牛放在敞篷的拖车里，奶牛一定会因为天寒地冻而生病，不过奥地利动物权益保护组织还是向当地法院起诉了他。

装奶牛也算超载吗？那什么是超载呢？

超载是指运输物体超过运输工具规定的载重量，乘客实际人数超过客车的核定可乘坐人数。交通法规第四十八条规定，机动车载物应当符合核定的载重质量，严禁超载；载物的长、宽、高不得违反装载要求，不得遗洒、飘散载运物。

小狗拉瘫痪老人上街买菜 懂交通规则

每天上午，四川自贡自流井区同兴路上，总会见到一只棕花毛色的小狗拉着一位下肢瘫痪坐在轮椅上的老人。随着主人一声"粉条幺儿，快跑！"的吆喝声，小狗拉着主人在街上一路欢快地跑着。狗一直拉着轮椅跑，老头儿喊跑就跑，喊停就停。高兴了，老头儿还给小狗唱歌助兴。老人的小狗是他好朋友去年送他的，说起小狗"搞笑"的名字，他笑着说："附近一只狗叫'包子'，我干脆给它取名叫'粉条'。"老人年纪大了，用手推轮椅越来越费力。有一天天气很热，他推着轮椅，带着"粉条"出去散步，走到一个上坡处，十分费力，根本上不去了。忽然，"粉条"从旁边冲过来，拖着轮椅使劲往前蹿，才把老人拉上去了。知道"粉条"会拉车的"绝技"后，老人从那以后只要一走累了，就大声喊："冲啊'粉条'，"'粉条"则心有灵犀地拉着老人一路冲到目的地。老人还现场为众人演示了一下，满面红光，兴奋地坐在轮椅上手舞足蹈，仿佛自己坐的不是轮椅，而是一辆豪华汽车。"粉条"还很遵守交通规则，从不横穿马路，一般都走右边，还知道拐弯。

快乐一读

超载客车怪招逃处罚 司机扮警察乘客装逃犯

在2008年12月10日发生了这样一件离奇的新鲜事儿——一辆超员2人的陕西籍客车司机为逃避交警处罚，竟自扮警察，并花50元请一名乘客装成“逃犯”。当日下午5时许，高速公路巡警在襄阳鄂豫省界收费站查获一辆超员2人的陕西籍客车。巡警责令司机转员，一中年男子走过来，自称是陕西蒲城县刑警大队的民警，姓李，刚从湖南追逃回来，是他和逃犯造成了超员，请同行予以照顾。说完，他从车上拉下一戴手铐的青年男子，自称是打架伤人的逃犯。押解暴力犯罪嫌疑人怎么仅有“李警官”一人？巡警要求查验警官证和追逃手续，“李警官”支支吾吾拿不出来，只好承认，他是客车的副驾驶员，为逃避处罚，他才扮警察，手铐是他以前捡的，“逃犯”是花50元请乘客装扮的。

你知道吗？

无证驾驶

无证驾驶，顾名思义，是指机动车驾驶人在未获取或持有与所驾车型相对应的合法准驾证明的情况下驾驶该机动车。有如下其中之一情况的均可认定为无证驾驶：

(1) 机动车驾驶人在未经过专门的驾驶员培训学校的驾驶技能训练与考试，进而取得机动车驾驶证的情况下，驾驶机动车的；

(2) 驾驶人驾驶的机动车车型超出驾驶证核定的准驾车型的范围的（比如，只持有C照的人开B照的车，或只持B照的人开A照的车等）；

(3) 驾驶人未随身携带与所驾车型相符的机动车驾驶证的；

(4) 使用伪造、变造驾驶证或其他非法途径获取的驾驶证，或驾驶证已过期失效，或被暂扣、吊销或撤消的；

(5) 驾驶人的年龄或健康状况不符合驾驶条件的（多指实际年龄超出所驾车型的最大年龄限制，如年龄不足按照非法获取机动车驾驶证处理）；

(6) 持军队、武装警察部队驾驶证驾驶民用机动车的（有特殊许可证明的除外）；

(7) 持境外机动车驾驶证在中国驾驶的。

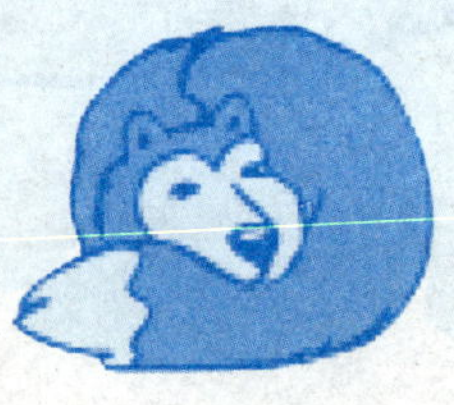

快乐一读

最牛“无证驾驶”：私人直升机空中“迷路”惊动民航

“无证驾驶”就开车上路，这很危险；倘若“无证驾驶”的是直升机，在未经审批的情况下飞上天，又会是怎样的境遇呢？2010年4月的下旬的某一天，这样的咄咄怪事还真在乐成镇出现了：温州民航部门监测时发现，乐清有一架未经审批的直升机，接连两次在空中出现。机主姓许，是温州一家航空服务有限公司的负责人；驾驶员姓王，是该公司聘请的。不过，这个所谓的驾驶员，两次开着直升机起落，却拿不出飞机驾驶证。许某称，直升机“转战”乐清，是为了参加一个商务活动，打算展示一下，提升企业形象。当天下午，许某突然“心血来潮”，想试飞一下直升机。第一次飞行还算顺利，10多分钟后，他们飞抵了目的地——乐成镇坝头村一块空地。过了30分钟，飞机再次起飞，打算返回白石。不过，飞到半途中，空中云雾突然增多，干扰了飞行视线。更要命的是，飞机的GPS导航系统也出现了故障，他们就这样悬在半空中，迷路了。出于安全起见，王某只好驾驶着直升机，按照原路返回了坝头。刚降落不久，民警就开车赶到了。两人这才知道，事情闹大了。这架直升机未经许可擅自上天，已威胁到了温州永强机场进出港航班安全。

男子怒堵警车的路

2010 年 2 月 6 日的北京街头，某广告公司法人代表刘某竟超车后将车横在警车前妨碍出警。下午 4 时许，广外派出所民警驾驶巡逻车到苏宁电器门前出警结束后，又接到 110 警情的命令。当巡逻车行驶至广外医院北侧路口时，跟在后面的一辆马自达车的司机轮番用车大灯、喇叭声催促巡逻车，并在超越巡逻车后突然将巡逻车堵住。堵住巡逻车的原因听似很让人哭笑不得——刘某称自己着急到餐厅给媳妇买饭，由于嫌警车开得慢，就把车横在警车前面，并下车质问民警。这起事件中，民警在执法过程中并没有违反交通法规，刘某的行为涉及阻碍民警执行公务。

那么，我国交通法规对超车有何规定呢？

我国《道路交通安全法》第四十二条规定，汽车、机器脚踏车超越前方车辆时，必须遵守下列的规定：须从左边超车，但须在对面驶来的车辆 150 公尺以外；超车后应在离后车（原前车）20 公尺以外驶进纵列线；不准超越正在超车的车辆。

混合动力车成中国节能减排新宠

相对纯电驱动而言，油电混合动力技术因具备较长的续航里程，且相对安全与稳定，被更早地投入应用到市场。混合动力车成熟的技术条件正是各国政府鼓励发展混合动力汽车的最主要原因之一。作为混合动力技术的提倡者，丰田汽车在1997年推出了首款量产混合动力车普锐斯后，又陆续向海内外市场推出了约20款混合动力车型，截至2012年3月份，该公司累计在全世界范围内售出400万辆以上混合动力车。混合动力的大规模市场应用是以成熟稳定的技术为前提，首先，相对传统内燃机而言，混合动力汽车增加了一个电动马达作为发动机的辅助动力，这并未从根本上改变汽车的驱动方式，但却较大幅度地提高了汽车的燃油经济性，同时也保证了汽车的续航能力与稳定性。其次，混合动力车的市场推广和普及难度相对较小也是各国政府鼓励发展混合动力又一因素。

第三，近年来越来越大的能源与环境压力也迫使中国政府加快了节能与环保汽车的发展步伐。在近年的环境监测中，我国100多个环保重点城市中有1/3空气质量不达标。而中国已成为世界上能源消耗第二大国。在纯电动汽车产业化近期无望的情形下，政府必将加大力度鼓励发展混合动力车，以缓解能源与环境压力。

你知道吗？

快乐一读

司机手拿碗筷一边吃面一边变道超车

左手捧着碗，右手拿着筷子，一男子有滋有味地吃着面条的同时，竟然开着面包车左摇右晃变道超车——这就是一段网友上传的《最牛武汉司机》的视频。这段视频长1分半钟，是两个山东口音的男子，路过关山大道金地太阳城小区路段时被拍摄的。这个“最牛”的男司机，手里捧着一个橙黄色的大碗，右手拿着筷子，竟然边开着车边吃面，拍摄者惊呼：“哥们，你帅！”不仅如此，该司机在驾着这辆五菱牌的微型面包车，先是开在左侧车道，从一辆大卡车的左侧进行超车，超车成功后，他又变道到最右侧车道，再次超越一辆小轿车。该司机1分钟左右的时间内连超两车，都是在吃面的情况下进行的，直到超越第2辆车，拍摄者才发现该“最牛”司机将面吃完。这段视频在视频门户网站和一些车友论坛引起了广泛关注，司机在开车时要有自我安全意识，遵循驾车文明，学习有关的交通法规，不要拿自己和他人的生命安全开玩笑。

深圳宝马时速 223 千米

2008 年间，湖南省高支队长常大队对以往车辆超速违法行为进行统计时发现，一辆广东籍的宝马轿车打破了长常高速最高超速纪录，时速竟达 223 千米 / 时！而这一速度也同时刷新了该年由湘 A 牌照的宝马轿车创下的 220 千米 / 时的全省高速公路超速纪录，成为新一代“超速王”。这辆宝马在长常高速公路东往西 54~100 千米之间，长常高速交警用固定电子警察 (6F 雷达测速仪) 记录下了这辆宝马车 223 千米 / 时的惊人车速，同时还发现当天该车在京珠高速湖南段 396.5~447 千米 (南往北)、京珠高速湖南段 183~227.5 千米 (南往北)、常张高速 66~109 千米 (东往西) 都被电子警察抓拍到违法行为，当时时速分别为 162 千米 / 时、148 千米 / 时和 167 千米 / 时。“该车行为不但相当危险，而且严重违法。”长常高速全线 149 千米，为山区地形，小车的实际最高限速标准为 100 千米 / 时，而一般电子警察在超过 120 千米 / 时时才对超速违法的小车进行抓拍。因此该车实际上超速已达 200% 以上。

按照我国《道路交通安全法》的有关规定，超速达 50% 以上的，将被处以罚款 2000 元，驾驶证记 6 分的严厉处罚。如果是车主或是同一个驾驶人驾车产生的上述违法行为，那他将面临罚款 6 400 元，驾驶证被吊销的处罚。

美国最早的汽车超速案

1899年5月20日，一个名叫卡丽·弗兰克的出租车司机在纽约被逮捕。原因是他当时的车速达到了“非常危险的”19千米/时。不过他并不是第一个因为超速被判违法的美国司机，原因是1899年时，美国只有针对马车的交通法规，没有限制汽车车速的相关法律。两天之后，《克里夫兰老实人报》的记者在报道这一事件时率先使用了法语单词AUTOMOBILE来指代汽车。这个单词很快流行起来，在此之前，美国管汽车叫做HORSELESS CARRIAGE——无马运输设备。两年后的1901年，康涅狄格州制定了全美国第一部限制车速的法案。当时的限速是这样的：在市内行驶限速12千米，在高速公路上限速19千米。这部法规同时规定，汽车看到马车时一定要减速，如果因为汽车导致马儿受惊，汽车应该停车。还好阿姆斯特朗没有生在那个年代，不然他骑自行车骑到时速50千米，足够判无期了。

你知道吗？

民国出租车驾驶执照

2008年，在北京东交社区的一处民宅里，媒体发现还仍健在的一个民国27年（1938年）的96岁高龄出租车司机关爷爷，时至今日，他家还保存着一个令人意想不到的“宝贝”——一本民国时期颁发的出租车驾驶执照。

这个驾照真可以放进博物馆作古董了，那么，交通规则对驾照有何规定呢？

按照我国《道路交通安全法》的有关规定，机动车驾驶员必须经过车辆管理机关的考核发给驾驶执照，方准驾车；不准驾驶与驾驶执照规定不相符合的车辆；不准将车交给没有驾驶执照的人驾驶；不准将驾驶执照转借他人。

你知道吗？

法国2008年吊销10万本驾驶执照

2008年前9个月，法国全境已有75573本驾驶执照被吊销，全年将有10万本驾驶执照被吊销，去年的这一数字为近9万本。法国从1992年开始实施计分驾驶执照。每本正式驾驶执照在启用伊始都会存有12分积分，不同的违反交通规则行为将导致扣掉相应分数。不过，驾驶员可以通过参加培训班或长期谨慎驾驶等方法补回被扣掉的分数。如果驾驶执照中积分归零，那么驾驶执照就将被吊销，驾驶员只能在等待6个月后，重新参加考试以获取新的驾驶执照。

快乐一读

残疾人可申领驾驶执照？

修改后的《机动车驾驶证申领和使用规定》从下肢、手指、听力三个方面进一步放宽了申领驾驶证的身体条件：一是在下肢方面，在原来允许左下肢残疾人驾驶汽车的基础上，进一步放开了右下肢和双下肢残疾人驾驶汽车的身体条件。右下肢、双下肢缺失或者丧失运动功能，但能够自主坐立的，可以申请残疾人专用小型自动挡载客汽车准驾车型的驾驶证，准驾车型为C5。二是手指末节残缺或者右手拇指缺失的，可以申请小型汽车、小型自动挡汽车准驾车型的驾驶证。允许右手拇指可以缺失，是考虑在驾驶汽车时，右手主要协助掌控方向及操控挡位，对拇指的要求不高。三是有听力障碍但佩戴助听设备能够达到合格标准的，可以申请小型汽车、小型自动挡汽车准驾车型的驾驶证。